Sandro Marijic

Übergangssysteme – Chance oder Sackgasse für Jugendliche?

Migranten und Einmündungschancen am deutschen Arbeitsmarkt

Bachelor + Master
Publishing

**Marijic, Sandro: Übergangssysteme – Chance oder Sackgasse für Jugendliche?
Migranten und Einmündungschancen am deutschen Arbeitsmarkt, Hamburg,
Bachelor + Master Publishing 2013**
Originaltitel der Abschlussarbeit: Übergangssysteme · Einmündung von Migranten in den Arbeitsmarkt

Buch-ISBN: 978-3-95549-307-3
PDF-eBook-ISBN: 978-3-95549-807-8
Druck/Herstellung: Bachelor + Master Publishing, Hamburg, 2013
Zugl. Universität Augsburg, Augsburg, Deutschland, Bachelorarbeit, April 2012

Bibliografische Information der Deutschen Nationalbibliothek:
Die Deutsche Nationalbibliothek verzeichnet diese Publikation in der Deutschen Nationalbibliografie; detaillierte bibliografische Daten sind im Internet über http://dnb.d-nb.de abrufbar.

Das Werk einschließlich aller seiner Teile ist urheberrechtlich geschützt. Jede Verwertung außerhalb der Grenzen des Urheberrechtsgesetzes ist ohne Zustimmung des Verlages unzulässig und strafbar. Dies gilt insbesondere für Vervielfältigungen, Übersetzungen, Mikroverfilmungen und die Einspeicherung und Bearbeitung in elektronischen Systemen.

Die Wiedergabe von Gebrauchsnamen, Handelsnamen, Warenbezeichnungen usw. in diesem Werk berechtigt auch ohne besondere Kennzeichnung nicht zu der Annahme, dass solche Namen im Sinne der Warenzeichen- und Markenschutz-Gesetzgebung als frei zu betrachten wären und daher von jedermann benutzt werden dürften.

Die Informationen in diesem Werk wurden mit Sorgfalt erarbeitet. Dennoch können Fehler nicht vollständig ausgeschlossen werden und die Diplomica Verlag GmbH, die Autoren oder Übersetzer übernehmen keine juristische Verantwortung oder irgendeine Haftung für evtl. verbliebene fehlerhafte Angaben und deren Folgen.

Alle Rechte vorbehalten

© Bachelor + Master Publishing, Imprint der Diplomica Verlag GmbH
Hermannstal 119k, 22119 Hamburg
http://www.diplomica-verlag.de, Hamburg 2013
Printed in Germany

Inhaltsverzeichnis

1. Einleitungskapitel... 3
2. Übergangssysteme... 4
2.1 Übergangssysteme im historischen Kontext................................ 6
2.2 Übergangssysteme im Vergleich.. 7
3.1 Allgemeine Situation der Migranten im Bildungssystem............ 15
3.2 Einmündungschancen von Hauptschulabgängern und Migranten... 18
3.3 Effektivität von Übergangssystemen... 25
3.4 Folgen von Übergangssystemen am Individuum........................ 30
4. Zusammenfassung, Fazit und abschließende Worte..................... 37

Abbildungsverzeichnis.. 43
Literaturverzeichnis... 44

1. Einleitungskapitel

Kein anderes Thema beschäftigt die Bildungs- und Kultusminister so, wie der aktuelle Fachkräftemangel in der Bundesrepublik Deutschland. Seit der Reform vom 9 jährigen Gymnasium zum G8, strömen jedes Jahr Massen an Abiturienten die Deutschen Universitäten um einen akademischen Abschluss zu erlangen. Der Fokus beschränkt sich momentan ganz auf dieses Thema. Dabei lässt man die Schulabgänger von Real- und Hauptschulen die einen dualen Bildungsweg mit Arbeit und Schule verknüpfen außer acht. Dem traditionellen Weg des dualen Bildungsgangs, wird in Zeiten der Globalisierung weniger Aufmerksamkeit geschenkt. Man bekommt sogar den Eindruck der Stellenwert von Hauptschulabschlüssen sei stark gesunken. Der Ruf nach einer neuen „Mittelschule" im bayerischen Bildungssystem wird lauter. Experten diskutieren über die Vor- und Nachteile einer Abschaffung der Hauptschule. Als Lösung sieht man das zusammenlegen aller Schulkinder bis zur 10.Klasse. Damit soll eine frühe Selektion durch Schultypen vermieden werden und das Gemeinschaftsgefühl gestärkt werden. Doch hat die Hauptschule nicht auch seine Daseinsberechtigung? Der optimale Übergang in die Erwerbstätigkeit gelingt immer schwieriger. Vor allem Hauptschulabgängern gelingt der Übergang nicht so leicht. Die meisten schaffen es nicht einmal ihren qualifizierten Hauptschulabschluss zu erlangen. Die Gründe sind verschieden. Jugendlichen mit Migrationshintergrund bereitet der „QA" große Probleme. Aber nicht nur Migrantenkinder werden mit diesem Problem konfrontiert, sondern auch Deutsche Jugendliche sind davon betroffen. Auf diese Schulabgänger warten in den meisten Fällen die Übergangssysteme. Ein System der Reintegration in den Arbeitsmarkt. Halten diese Maßnahmen das was sie versprechen? Im folgendem werde ich zunächst auf das Übergangssystem im einzelnen eingehen. Vor allem den historischen Aspekt und die die definitorische Abgrenzung möchte ich näher beleuchten, wie es überhaupt dazu gekommen ist, dass sich das Übergangssystem bis heute in der Form entwickelt hat. Welche Entwicklungen abzusehen sind und natürlich die Folgen auf das System und den Einzelnen Menschen. Danach werde ich die einzelnen Übergangsformen beginnend mit dem Berufsvorbereitungsjahr (BVJ) , dem Berufsgrundbildungsjahr (BGJ), weiter mit der Teilqualifizierenden Berufsfachschule (BFS) und den berufsvorbereitenden Maßnahmen der BA bis hin zur Einstiegsqualifizierung Jugendlicher (EQ) näher beleuchten und untereinander vergleichen. Im Fokus wird bei allen Maßnahmen der strukturelle Aufbau der jeweiligen Maßnahme liegen. Dauer , Ziele und Voraussetzungen die zu erfüllen sind um die jeweilige Maßnahme zu durchlaufen. Nach diesem Block werde ich genauer die Situation der Migranten im deutschen Bildungssystem beleuchten. Dabei sollen vor allem Zahlen und Statistiken Entwicklungen darlegen und belegen. In 3.2 werde ich dann die Einmündungschancen der Hauptschulabgänger im Vergleich zu den Migranten darlegen. Bestehen Unterschiede in der Auswahl der einzelnen Bewerber? Gibt es Schlüsselqualifikationen die einen Übergang in das Duale System erleichtern? Wie sieht die Kooperation der Unternehmen mit den einzelnen Übergangsmaßnahmen aus? Diesen Fragen werde ich mich in diesem Kapitel widmen. Im vorletzten Kapitel werde ich dann im einzelnen die Effektivität von Übergangssystemen näher erläutern. Wie sieht die Kosten – Nutzen Bilanz aus? Auch hier sollen Zahlen der Veranschaulichung dienen um sich selbst eine Meinung bilden zu können. In Kapitel 3.4 werde ich in die positiven und negativen Aspekte darlegen, wie sich das System auf das Individuum auswirkt. Welche Folgen können dadurch entstehen? Welchen Belastungen werden Jugendliche ausgesetzt? Abschließen werde ich mit einer kurzen Zusammenfassung der wichtigsten genannten Aspekte in der Arbeit. Ein kurzes Fazit mit meiner persönlichen Meinung soll die Arbeit abrunden.

2. Übergangssysteme

Übergangssysteme gehören in der Bundesrepublik Deutschland zum gewohnten Bild in der Bildungslandschaft. Es gibt kaum jemanden der diesen Begriff nicht schon mal gehört hat. Auch für diesen Begriff gibt es eine genaue Definition, die hier nicht fehlen darf. Nach der Definition des Nationalen Bildungsberichts von 2006 zählen zum beruflichen Übergangssystem *„(Aus-)Bildungsangebote, die unterhalb einer qualifizierten Berufsausbildung liegen bzw. zu keinem anerkannten Ausbildungsabschluss führen, sondern auf eine Verbesserung der individuellen Kompetenzen von Jugendlichen zur Aufnahme einer Ausbildung oder Beschäftigung zielen und zum Teil das Nachholen eines allgemein bildenden Schulabschlusses ermöglichen"*[1] In dieses System fallen auch *"teilqualifizierende Angebote, die auf eine anschließende Ausbildung als erstes Jahr angerechnet werden können oder Voraussetzung zur Aufnahme einer vollqualifizierenden Ausbildung sind"*,[2]. Der

---
1 Bildungsbericht 2006, S. 79
2 Bildungsbericht 2008, S. 99

Bildungsbericht liefert hier eine theoretische begriffliche Basis zum Übergangssystem. Natürlich wird dieser Begriff in vielen Institutionen auch kritisch diskutiert. Eine andere Ansicht ist die Verwendung des Begriffs „System" im Begriff des Übergangssystem. Es wird festgestellt, dass für das Übergangssystem *„ein hohes Maß an institutioneller Diffusität und Intransparenz.."* vorhanden ist, *„...was die Verwendung des Begriffs „-system" ungeeignet erscheinen lässt."* [3]. Die drei wichtigsten Formen dieser Übergangsmaßnahmen sind die berufsvorbereitenden Bildungsmaßnahmen der Bundesagentur für Arbeit (BvB), die Berufsvorbereitungs- und Berufsgrundbildungsjahre (BVJ/BGJ) der Bundesländer sowie deren teilqualifizierende Bildungsgänge an Berufsfachschulen (z. B. Handelsschulen) und Angebote für Schüler ohne Ausbildungsvertrag und die im Rahmen des Ausbildungspaktes eingeführten betrieblichen Einstiegsqualifizierungen für Jugendliche (EQ).[4] Wie diese Maßnahmen aufgebaut sind, wird in Kapitel 2.2 verdeutlicht. Um die Wichtigkeit der Übergangssysteme zu verdeutlichen betrachten wir uns die Verteilung der Neuzugänge auf die genannten drei Sektoren des beruflichen Ausbildungssystems im Jahr 2006 in der BRD, die unten grafisch dargelegt ist.

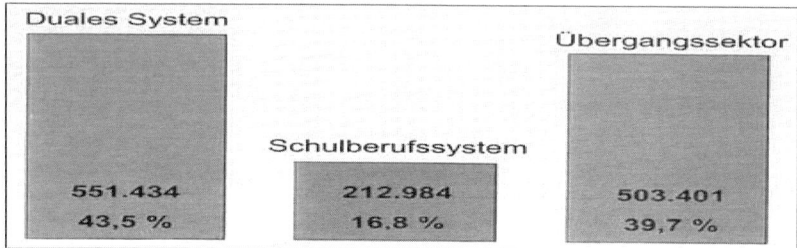

Abb.1 : Verteilung der Neuzugänge auf die drei Sektoren des beruflichen Ausbildungssystems (2006).

Anhand dieser Aufteilung, sieht man den berechtigten Einwand der Heterogenität des Systems, der zu Beginn sehr strukturiert und homogen schien. Das duale System ist im Jahr 2006 mit 43,5% die vorherrschende Ausbildungsform. Dicht gefolgt vom Übergangssektor mit 39,7% und dem Schulberufssystem mit 16,8%. Doch wie entstand diese neue Form an Übergangsmaßnahmen? Im nächsten Kapitel wird der historische Kontext zur Entstehung dieses Systems genauer dargelegt und erläutert.

---

[3] Prognos, S.1
[4] BIBB (2011), S.7

2.1 Übergangssysteme im historischen Kontext

Die Form des jetzigen Übergangssystems hat seine Entstehungsdynamik den frühen 60er Jahren zu verdanken. Der Zugang zu Bildungseinrichtungen wie Schulen oder Hochschulen war nur einem kleinen Teil der deutschen vorindustriellen Gesellschaft möglich. Viele konnten weder lesen noch schreiben. Erst ab 1945 begann die erste Bildungsexpansion. 1960 expandierte diese Bildungsexpansion aufgrund schlechter werdender Berufseinstiegsmöglichkeiten, die auch der niedrigen Grundqualifikationen geschuldet war. Die obige Grafik verdeutlicht die Anhebung des Bildungsniveaus in der BRD. Vor allem der stark zurückgegangene Anteil von Hauptschülern im Jahr 1960 von 70% bis zum Jahr 2000 auf nur 20% verdeutlicht diesen Wandel des Bildungsniveaus. Im Jahr 2000 sehen wir mit 9% auch Schularten mit anderen Bildungsgängen. Diese Schularten sind uns besser bekannt als Übergangsformen oder Systeme, die nun auch signifikant vertreten sind.Die ersten Maßnahmen der Bundesagentur wurden schon 1970 eingeführt, nahmen aber großen Einfluss auf das Bildungssystem[5]. Ein weiterer Entstehungsgrund von

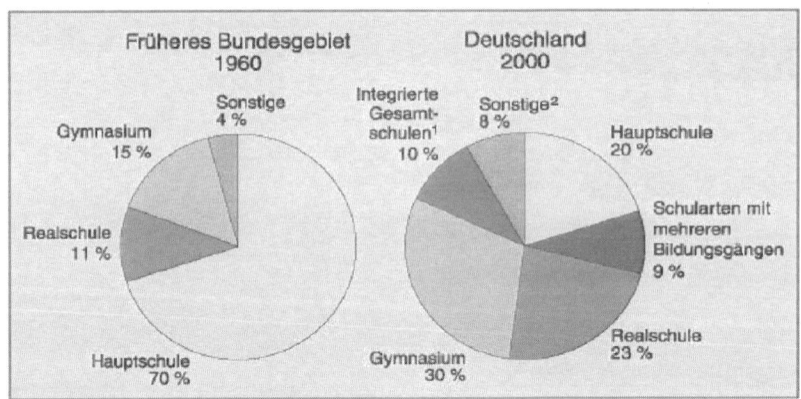

Abb.2: Besuchte Schularten von 13 jährigen 1960 und 2000.

Übergangssystemen ist auch die Entwicklung in der nationalen und internationalen Wirtschaft. Aufgrund der fortschreitenden Globalisierung der Weltwirtschaft, war es notwendig die deutsche Wirtschaft konkurrenzfähig zu halten. Die „Agenda 2010" die von der Regierung Schröder 2003 auf den Weg gebracht wurde, unterstützte die deutschen Unternehmen durch Lockerungen von Kündigungsschutz und atypischen Beschäftigungsverhältnissen. Die deutsche Wirtschaft wurde flexibel und war im internationalen Vergleich konkurrenzfähig. Natürlich hatte diese Entwicklung einen Nachteil

---
5 BiBB 11/09, S.2

für den Ausbildungsmarkt. Ausbildungsstellen wurden weniger und viele Unternehmen zogen sich komplett aus dem Ausbildungsbereich zurück. Somit konnten immer weniger Hauptschulabgänger in das Duale System einmünden. Die Verantwortung der Übergangssysteme stieg für diese im Moment nicht vermittelbaren jungen Menschen. Die Hauptgründe für die Entwicklung der Übergangsmaßnahmen war zum einen dem immer größer werdenden Bildungsdrang der Industriegesellschaft der frühen 60er Jahre geschuldet und zu anderem der wirtschaftspolitischen Dynamik der Globalisierung, verbunden mit der Individualisierung des nationalen Arbeitsmarktes. Bemerkenswert ist die Entwicklung schon in den 60er Jahren, *„dass Kinder aus unteren Schichten, aus ländlichen Gebieten und Mädchen in Bildungseinrichtungen, die zu höheren Qualifikationen führen, deutlich seltener vertreten waren, als es ihrem Anteil an der Bevölkerung entsprach."*[6]. Schon damals waren also Kinder aus den unteren Schichten gefährdet keinen höher qualifizierten Beruf zu bekommen. Obwohl die Expertengruppe des Forum Bildung bis heute vom Bildungssystem fordert, *„dass alle Menschen, unabhängig von ihrem sozialen und wirtschaftlichen Hintergrund, ihrer ethnischen und kulturellen Herkunft und ihren individuellen Voraussetzungen, Bildungsangebote wahrnehmen können, die ihren Interessen und Fähigkeiten entsprechen."*[7]. Führt man nun den Gedanken konsequent weiter, war es unumgänglich, dass sich Übergangsformen ständig weiter ausprägten und im Bildungssystem etablierten. Fakt ist, dass eben nicht alle Jugendlichen uneingeschränkt alle Möglichkeiten und Bildungsangebote nutzen können. Schuld daran ist der Wandel der Lebensformen oder Beibehaltung traditionellen Formen des Lebens, die vor allem Kinder aus anderen ethnischen Schichten hindern und somit unter ihren Möglichkeiten bleiben. Im folgenden werden nun die einzelnen Übergangsmaßnahmen erläutert und miteinander verglichen.

2.2 Übergangssysteme im Vergleich

Nachdem nun der historische Kontext zur Entstehung von Übergangssystemen verdeutlicht wurde, wird nun auf die einzelnen Maßnahmen der Fokus gelegt. In den letzten 15 Jahren entwickelte sich in deutschen Bildungssystem eine „Schnittstellenproblematik"

---

[6] Hradil, Stefan (2001), S.160
[7] Arbeitsstab Forum Bildung (2001), S.25

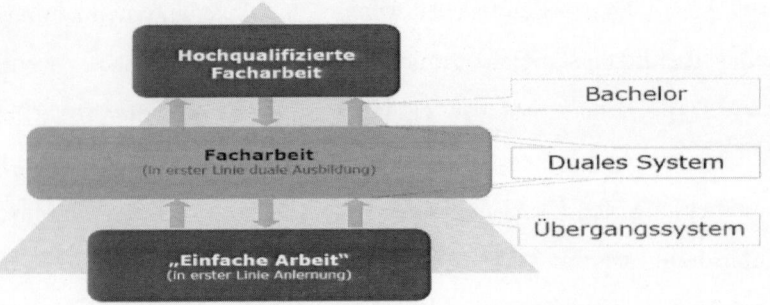

Abb. 1: Wettbewerb der Bildungsgänge: Schnittstellenproblematik

Abb.3 :Schnittstellenproblematik

Es entwickelten sich in der realen Arbeitswelt neue Segmente wie „ Einfache Arbeit" , Facharbeit und Hochqualifizierte Arbeit. Zwischen diesen großen Segmenten findet man nun die Bachelorabsolventen, die Auszubildenden im Dualen System und das Übergangssystem. Viele Jugendlichen bleiben in dieser Schnittstellenproblematik hängen. Der Zugang in die großen Gruppen gestalltet sich schwer. Was zu Beginn des Wirtschaftsbooms in den 50er Jahren relativ einfach war, wurde im Laufe der Jahre durch das steigende Bildungsniveau immer schwieriger. Auch alte Strukturen in Unternehmen erschweren den Jugendlichen den Weg in das Arbeitsleben. Neue Schulabschlüsse wie der Bachelor haben bei Unternehmen noch nicht die Akzeptanz von einem Diplomstudiengang erreicht. Das Problem fängt schon bei dem Hauptschulabschluss an. Die erste Schwelle zur „ einfachen Arbeit" in der man in der Lehre gelingt immer mehr wenigen Jugendlichen. Vor allem für Jugendliche mit Migrationshintergrund bereitet die erste Übergangsschwelle enorme Probleme. Hier sollen nun Übergangssysteme eingreifen. Dieses Übergangssystem gliedert sich wieder in 5 Teile : Das Berufsgrundbildungsjahr (BGJ), das Berufsvorbereitungsjahr (BVJ), die Teilqualifizierende Berufsfachschule (BFS) , die Einstiegsqualifizierung Jugendlicher (EQ) und die berufsvorbereitenden Maßnahmen der Bundesagentur für Arbeit (BvB). Das Berufsgrundbildungsjahr wurde Mitte der 70er Jahre eingeführt. Sein Konzept sieht vor, dass das erste Berufsausbildungsjahr im dualen Ausbildungssystem voll schulisch absolviert wird. Dort sollten die Schulabgänger, die einen Hauptschulabschluss besitzen und keine Lehrstelle gefunden haben, eine vollständige Grundausbildung in einem der definierten 13 Berufsfelder vermittelt bekommen. Dieses sollte dann vollständig zum ersten Ausbildungsjahr angerechnet werden können. Das BGJ gibt auch die Möglichkeit durch eine Zusatzprüfung einen mittleren

Schulabschluss im Rahmen der Maßnahme zu schaffen. Dieses Konzept scheiterte an zu geringer Akzeptanz seitens der ausbildenden Betriebe. In der Realität fängt das BGJ alle Jugendliche Hauptschulabsolventen ohne Lehrstelle ab und vermittelt ihnen eine breite berufliche Grundbildung um einen Übergang in das Arbeitsleben zu verbessern[8]. *„Die Anrechnung des BGJ auf die Dauer einer Berufsausbildung, die früher durch Rechtsverordnungen (auf Bundesebene bis zur Novellierung des Berufsbildungsgesetzes im Jahr 2005, seitdem ausschließlich auf Länderebene) zumindest teilweise verbindlich vorgeschrieben war, ist seit 1. August 2009 nur noch auf gemeinsamen Antrag von Betrieb und Auszubildendem möglich (§ 7 Abs. 2 BbiG)"* [9]. Die nächste Maßnahme ist das Berufsvorbereitungsjahr (BVJ). Diese wurde ebenfalls Mitte 1970 eingeführt. Sie umfasst einen einjährigen Besuch an beruflichen Schulen und ist vor allem für die Jugendlichen ohne Schulabschluss bzw. Sonderschulabschluss. Dort sollen die Jugendlichen auf einen Ausbildungsplatz vorbereitet werden. Das vermitteln von Grundqualifikationen und speziellen Fertigkeiten für bestimmte Berufsfelder steht hier im Vordergrund. Nicht selten stehen Berufspraktika auf dem Programm , in diesen sich die Jugendlichen gleich praktisch empfehlen und gleichzeitig einarbeiten können. Das Berufsvorbereitungsjahr bietet den Schulabgängern auch die Möglichkeit auch ihre Schulpflicht oder Berufsschulpflicht zu erfüllen. Das BVJ wird vollzeitschulisch durchgeführt und bietet auch die Möglichkeit einen Hauptschulabschluss zu erreichen. Die Konzeption des BVJ ist in Bundesländern verschieden[10][11][12] Die Empfehlung für das BVJ machen in erster Linie die zuständigen Lehrkräfte an der Hauptschule oder Berufsschule. Empfehlenswert ist das BVJ vor allem für Jugendliche mit Migrationshintergrund die schlecht Deutsch sprechen oder Jugendliche ohne Abschluss bzw. schlechtem Abschluss, die dadurch einen besseren Zugang in einen Dualen Ausbildungsgang erhalten sollen. Vergleicht man nun diese zwei Maßnahmen unterscheiden diese sich in den Besuchern. Entweder hat man schon einen Abschluss oder man hat keinen Abschluss. Die Grundintention der Vermittlung von Berufsfertigkeiten und Qualifikationen, die in eine Berufsausbildung führen sollen, ist bei beiden Maßnahmen gegeben. Zentraler Punkt ist das erreichen der „Ausbildungsreife". Als Kontrast betrachten wir nun die

---

8 Galetzka, Claudia; Stein, Gerolf (2008), S. 15-28
9 BiBB 11/09, S.2 und 5-6

10 Auszubildende im Blickpunkt , Berufsvorbereitende Maßnahmen

11 BiBB 11/09 , S.2 und 5-6

12 BMBF; , S.31

teilqualifizierende Berufsfachschule. Die BFS hat eine sehr lange Tradition, ihr Ursprung reicht bis ins 19. Jahrhundert zurück. *„Das ein- oder zweijährige vollzeitschulische Bildungsangebot zur Vermittlung einer beruflichen Grundbildung ist sehr vielfältig und richtet sich an unterschiedliche Zielgruppen. Die weitaus größte Bedeutung haben Bildungsgänge der Fachrichtung „Wirtschaft und Verwaltung" (z. B. Handelsschule, höhere Handelsschule)"* [13]. Bei diesem Bildungsangebot wird mindestens der Hauptschulabschluss vorausgesetzt. Teilweise ist sogar die mittlere Reife erforderlich um, an einem Bildungsgang teilzunehmen. Für viele Jugendliche ist der Erwerb des Mitteleren Reife oder Fachhochschulreife das vorrangige Ziel. Dieses wird im Rahmen des Bildungsganges auch angeboten. Da die Bedeutung des BFS vor allem in Baden-Würtemberg sehr hoch ist, kann der Besuch der BFS bei bestimmen Ausbildungsgängen zur Ausbildungszeit angerechnet werden. Aber auch hier gilt ab 1. August 2009 die Regelung von § 7 Abs. 2 BbiG. Die Ausgestaltung ist in allen Bundesländern verschieden. Nur in Mecklemburg-Vorpommern wird die teilqualifizierende Berufsfachschule nicht angeboten. (vgl. BiBB Report 11/2009). Im Vergleich zum BGJ und BVJ liegt der Fokus klar auf der theoretischen Spezialisierung in einem Bildungsgang. Teilnehmen kann man nur mit passendem Abschluss für den jeweiligen Berufsbildungsgang. Die „Ausbildungsreife" ist hier gegeben, da auch ein erreichen eines höherwertigen Abschluss Primärziel ist. Eine hingegen große Bedeutung sowohl in Ost- als auch in Westdeutschland, haben die Berufsvorbereitenden Maßnahmen der Bundesagentur für Arbeit (BvB). An der Maßnahme sind nur Jugendliche unter 25 Jahren, die ihre Schulpflicht erfüllt aber noch keinen Ausbildungsplatz besitzen. Seit 1970 werden diese Maßnahmen durchgeführt. Sie sind vor allem für lernbeinträchtigte und sozial benachteiligte Jugendliche vorgesehen, die damit zur Ausbildungsreife geführt werden sollen um eine bessere Chance auf einen Ausbildungsplatz zu bekommen. *„Für Jugendliche, die bisher noch ohne Schulabschluss sind, bietet die Maßnahme außerdem die Möglichkeit, sich auf den Erwerb eines Hauptschulabschlusses oder eines gleichwertigen Schulabschlusses vorzubereiten. In den Maßnahmen wird ein breit gefächertes Angebot vorgehalten, das auf die individuellen Fähigkeiten und Bedürfnisse der Teilnehmer ausgerichtet und flexibel gestaltet wird. Das für die laufenden Maßnahmen gültige Fachkonzept ist beigefügt.Im Regelfall dauert die Teilnahme an einer Berufsvorbereitenden Bildungsmaßnahme bis zu 10 Monate, in Ausnahmefällen bis zu 18 Monate.Während der Teilnahme an einer Berufsvorbereitenden*

---

13 BiBB Report 11/2009, S.2 und 5-6

Bildungsmaßnahme haben die Jugendlichen Anspruch auf Berufsausbildungsbeihilfe. Ob die Voraussetzungen für eine Förderung vorliegen, wird bei der Agentur für Arbeit vor Ort geklärt." [14]. Die Struktur wurde erst seit dem Jahr 2004 verändert und zeitlich limitiert. *„Während sich vorher einzelne Lehrgangstypen an bestimmte Zielgruppen richteten (BBE-Lehrgänge für nicht ausbildungsreife, G-Lehrgänge für ausbildungsreife, F-Lehrgänge für behinderte Jugendliche), gibt es seitdem zielgruppenübergreifende Qualifizierungsebenen (Grundstufe: Berufsorientierung und Berufswahl; Förderstufe: Vermittlung beruflicher Grundfertigkeiten; Übergangsqualifizierung: berufs- und betriebsorientierte Qualifizierung), in die alle Teilnehmer/-innen entsprechend ihres jeweils festgestellten individuellen Förderbedarfs flexibel ein- und umsteigen können (vgl. BA-Fachkonzept). Es erfolgt eine sozialpädagogische Unterstützung"* [15]. Somit kann man sagen, dass im Vergleich zu den bisherigen vorgestellten Übergangsmaßnahmen die BvB besonders die Schulabbrecher ansprechen soll einen Abschluss zu erlangen um im Berufsleben besser Fuß fassen zu können. Wesentlicher Unterschied ist die Aufteilung der Lehrgänge und der Berufsqualifizierungsebenen. Dem BvB sehr ähnlich ist die Einstiegsqualifizierung Jugendlicher auch „EQ" abgekürzt. Diese wurde 2004 mit dem neuen Ausbildungspakt eingeführt und hat in allen Bundesländern eine hohe Akzeptanz. Die Dauer der Maßnahme variiert zwischen 6 und 12 Monate und ist für die Jugendliche angedacht, die sich auch in der Nachvermittlung eines Ausbildungsplatzes nichts ergeben hat. Kernessenz sind berufsvorbereitende Praktika in Betrieben. Die Betriebe zahlen den Teilnehmern einen fixen Betrag von 212 Euro im Monat. Der komplette Betrag zuzüglich Sozialversicherungsbeiträge, wird von der Bundesagentur den Betrieben voll erstattet. Die Zielgruppe ist deckungsgleich mit der BvB. Bemerkenswert ist hier eine teilweise hohe Übergangsquote in eine Ausbildung[16][17]. Der große Vorteil für die Unternehmen ist die volle Kostenrückerstattung und eine zusätzliche Arbeitskraft. Jede der vorgestellten Maßnahmen hat somit eine genaue Zielgruppe, die sie ansprechen soll. Bei ausgewählten Maßnahmen entscheidet das Fachpersonal über die Eignung der Jugendlichen für eine Maßnahme. Bei manchen ist die Eigeninitiative der Betroffenen gefragt. Ob diese immer gegeben ist, bleibt offen. Welche Übergangsmaßnahme nun am meisten besucht wird, soll die Abbildung 4

---

14 Arbeitsagentur; Jugend und Bildungsmaßnahmen,

15 BiBB Report 11/09, S.2 und 5-6

16 Agentur für Arbeit, Jugendliche und Einstiegsqualifizierung

17 BiBB Report 11/09 S.2 und 5-6

verdeutlichen. Insgesamt betrachtet, ist die Zahl der Eintrittsteilnehmer in Übergangssysteme von 1992 von 70.400 auf 155.516 im Jahr 2006 gestiegen.Die entspricht einer Steigerung von 120,9%. Bei den Schülern im BVJ ist im selben Zeitraum ein Anstieg von 93,5% zu verzeichnen. Das Berufsgrundbildungsjahr verzeichnet einen Anstieg von 31.325 im Jahr 1992 auf 47.937 im Jahr 2006. Dies entspricht einem Zuwachs von 53%. Der Besuch in der Berufsfachschule stieg ebenfalls von 110.252 Teilnehmer auf 202.129, was einem Zuwachs von 83,3% entspricht. Besonders die Zahl der Fachoberschüler ist deutlich mit gestiegen. Hier beträgt die Zuwachsrate 164,3% . Bemerkenswert sind auch die Entwicklungen der Eintritte in die Einstiegsqualifizierung. Wir sehen in Jahr der Einführung 2004 , eine Teilnehmerzahl von 6227. Diese stieg im Jahr 2006 auf 36.957 Teilnehmer. Daraus lässt sich anhand der Entwicklung der

	Eintritte in berufsvor- bereitende Maß- nahmen	Eintritte in Einstiegs- qualifi- zierung	Teilzeitberufs schüler ohne Lehrvertrag im 1. Schuljahr	Schüler im Berufsvor- bereitungs- jahr (BVJ)	Schüler im Berufs- grund- bildungs- jahr (BGJ)	Berufsfach- schüler im 1. Ausbil- dungsjahr	Fachober- schüler in der 11. Klasse	Fachgym- nasiasten in der 11. Klasse	Einmün- dungen insgesamt
1992	70.400	.	34.588	37.156	31.325	110.252	23.194	32.415	339.330
1993	72.690	.	35.915	46.464	31.589	119.574	25.225	31.496	362.953
1994	85.521	.	38.716	51.734	34.869	130.156	29.204	32.924	403.124
1995	96.354	.	43.578	55.512	37.924	131.925	32.129	33.756	431.178
1996	107.086	.	49.512	65.198	39.966	140.418	36.888	34.648	473.716
1997	110.523	.	49.674	66.364	40.229	141.320	39.769	34.948	482.827
1998	128.145	.	50.577	66.806	40.856	143.085	41.630	35.158	506.257
1999	137.618	.	52.765	68.606	39.677	141.692	43.971	37.552	521.881
2000	145.130	.	58.586	72.787	41.236	149.624	45.687	38.602	551.652
2001	154.192	.	63.331	75.810	40.495	151.653	47.550	40.656	573.687
2002	182.997	.	67.846	79.496	43.204	161.615	51.115	43.082	629.355
2003	162.692	.	70.429	79.284	49.216	178.254	54.364	44.274	638.513
2004	164.227	6.227	71.383	80.559	48.079	194.966	57.494	44.531	667.466
2005	157.250	29.065	69.743	77.667	50.137	202.869	58.644	46.209	691.584
2006	155.516	36.957	71.798	71.907	47.937	202.129	61.302	47.477	695.023
Entw.: 2006 zu 1992	+85.116 +120,9%	.	+37.210 +107,6%	+34.751 +93,5%	+16.612 +53,0%	+91.877 +83,3%	+38.108 +164,3%	+15.062 +46,5%	+355.693 +104,8%

Anm.: Eintritte in berufsvorbereitende Maßnahmen und in Einstiegsqualifizierung: Summe im Laufe des Kalenderjahres.
Quellen: Bundesagentur für Arbeit, Statistisches Bundesamt, Berechnungen des Bundesinstituts für Berufsbildung

Abb.4: Einmündungen in Bildungsgänge in das Übergangssystem.

Zahlen im Bereich der Fachoberschulbesuche, eine Steigerung des Bildungsniveaus schon erkennen. Auch die günstige Ausgangslage der EQ und der Entwicklung der damit verbundenen Zahlen der Teilnehmer, lassen die Schlussfolgerung einer Etablierung und Akzeptanz dieser Übergangsmaßnahme zu. Im Jahr 2008 mündeten 397.277 Neuzugänge in das Übergangssystem . Bis heute hat sich „die Struktur des Übergangssystems nach den Ergebnissen der Schul- und Maßnahmenstatistiken in den letzten Jahren nur geringfügig verändert. Die inhaltliche Ausrichtung der Bildungsangebote wie auch ihre Trägerschaft variieren zwischen den einzelnen Maßnahmen erheblich. Gemeinsam ist allen, dass sie den

Jugendlichen keinen qualifizierten Ausbildungsabschluss vermitteln, der ihnen verlässliche Anrechenbarkeit in der Berufsausbildung oder auf dem Arbeitsmarkt sichert." [18] Auch hier liegen Realität und Theorie weit auseinander. Es wird zwar in jeder Maßnahme ermöglicht einen Schulabschluss nachzuholen, doch hat dieser laut der Autorengruppe Bildungsberichterstattung 2010 in der Arbeitswelt wenig Gewicht und Akzeptanz. Eine weitere Annahme ist ,dass durch den demographischen Rückgang der vom Übergangssystem betroffenen Alterskohorten, diese Kohorten sich in das duale System verschieben. Dieses Phänomen wäre positiv zu betrachten, da nun wesentlich mehr junge Menschen einen Ausbildungsplatz bekommen und die Übergangssysteme nicht mehr als Auffangbecken dienen müssten.[19] Diese Annahme ist jedoch hinfällig. Es entspricht der Tatsache, dass die demographische Entwicklung eine wichtige Rolle auf dem Ausbildungsmarkt darstellt. Allein sinkende Kohortenzahlen lösen das Problem in den Übergangssystem nicht, da immer noch die Schlüsselqualifikationen und Kompetenzen der Schulabsolventen und Absolventinnen das entscheidende Einstellungskriterium sind. (vgl. Bundesministerium für Bildung und Forschung (BMBW) (2010a): Berufsbildungsbericht 2010. Berlin, S.14). Das lässt die Folgerung zu, dass die Jugendlichen mit entsprechenden Qualifikationen auch einen Ausbildungsplatz finden, aber die gering qualifizierten Schulabgänger trotz sinkender Kohortenzahlen, in das Übergangssystem fallen. (vgl. Bundesministerium für Bildung und Forschung (BMBW) (Hrsg.) (2009): Auswirkungen von demographischen Entwicklungen auf die berufliche Ausbildung. Gutachten Prognos AG. Berlin , S.50). Trotz der demographisch bedingten Senkung der Alterskohorten ist die Entscheidungsgewalt immer noch in der Hand der Schulabgänger ob und in welchem Umfang sie eine Bildungsmaßnahme besuchen möchten und in der der Betriebe. Diese bestimmen wie viele Ausbildungsstellen sie zur Verfügung stellen können und wie die Bewerberauswahl stattfindet. Das geschieht im Einklang mit der wirtschaftlichen Lage des jeweiligen Unternehmens [20]. Auf Grundlage dieser Entwicklung hat die Autorengruppe Bildungsberichterstattung eine Tabelle mit der weiteren Entwicklung der Bildungsteilnehmer in den verschiedenen Bildungsbereich aufgeführt. Die Zahlen sind alle in Tausend angegeben.

---

18 Autorengruppe Bildungsberichterstattung(2010), S.97
19 Prof. Euler (2010), S.16
20 Autorengruppe Bildungsberichterstattung(2010), S.176

Bildungsbereich	2015	2020	2025
Duales System	1.455	1.314	1.243
Schulberufssystem	402	367	350
Übergangssystem	283	252	238

Abb. 5 : Einmündung in Bildungsgänge 2015-2025

Die Zahlen zeigen einen Abfall der Teilenehmer in allen Bildungsbereichen in den nächsten 13Jahren, ausgehend vom Jahr 2012. Das bestätigt die Aussage der demographische Verkleinerung der Alterskohorten und dem steigenden Bildungsniveau. Die Zahl der erworbenen Hochschulzugangsberechtigungen im allgemein bildenden Schulsystem ist gestiegen. *„Je höher die Zahl der Studienberechtigten (auf Fachhochschul- und Universitätsebene), desto geringer ist die Wahrscheinlichkeit der Nachfrage nach dualen Ausbildungsplätzen. Die Zahl der Studienberechtigten ist in den vergangenen Jahren stetig gestiegen und hat sich seit 1980 verdoppelt"*[21] [22]. Die Studienberechtigungsquote (Fachhochschul- und allgemeine Hochschulreife) lag 2008 bei 45,1% [23]. Somit geht man von einem direkten Zusammenhang zwischen Ausbildungsplatzangebot und der den Teilnehmern in Übergangsmaßnahmen. Unterscheiden muss man hier vor allem unter den Schulabsolventen die eine mangelnde Ausbildungsreife aufweisen und die mit einer mangelnder Ausbildungsbereitschaft.Nach Auffassung von Professor Euler sind in Übergangssystemen *„ein Reservoir an Kompetenzen und Begabungen enthalten, dessen Aktivierung unter sozial- und wirtschaftspolitischen Kriterien auch in Zeiten des demographischen Wandels dringend geboten erscheinen"* [24]. Damit kann man davon ausgehen, dass ein riesiges Potenzial von Teilnehmern mit adäquaten Qualifikationen ungenutzt in den Maßnahmen hängen bleibt. Besonders bedenklich ist die Situation der Jugendlichen mit Migrationshintergrund oder ausländischer Staatsangehörigkeit. Wie genau deren Lage sich im Bildungssystem äußert wird im nächsten Kapitel deutlich.

---

[21] Prof. Euler(2010), S.19

[22] Autorengruppe Bildungsberichterstattung (2010)

[23] ebd. S.59,118,288

[24] Prof. Euler (2010), S.21

3.1 Allgemeine Situation der Migranten im Bildungssystem

Die Situation der in Deutschland lebenden Migranten im Bildungssystem ist schwierig. Zumal Migranten nicht gleich Migranten sind. *„Sie unterscheiden sich z. B. nach ethnischer Herkunft, Aufenthaltsdauer in Deutschland und rechtlichem Status...."*[25]. Die erste Gruppe bezeichnet die sog. Gastarbeiter. Diese Menschen zogen im Rahmen des Abwerbekonzepts in die Bundesrepublik Deutschland um den Arbeitskraftmangel entgegen zu wirken. Vor allem im Jahr 1955 zogen viele Gastarbeiter aus Italien, Jugoslawien und der Türkei in die BRD um ihre Arbeit aufzunehmen. Die zweite Gruppe ist die der Spätaussiedler."*Die (Spät-)Aussiedler/-innen, die hauptsächlich aus der (ehemaligen) Sowjetunion, aber auch aus anderen osteuropäischen Staaten kamen, galten nach dem Grundgesetz (Art. 116) als deutsche Volkszugehörige. Mit der Übersiedlung nach Deutschland erhielten sie daher die deutsche Staatsangehörigkeit "*[26]. Zu dieser Migrantengruppe gehören vor allem Menschen aus der ehemaligen Sowjetunion, Polen, Rumänien und Tschechien. *Besonders* prekär stellt sich die Situation für Jugendliche mit ausländischer Staatsangehörigkeit dar. Sie sind in den Maßnahmen des Übergangssystems deutlich überrepräsentiert[27]. So gelang im Jahr 2008 nur 11,7 % der ausländischen Jugendlichen ohne Hauptschulabschluss direkt die Einmündung in

Übersicht 4
Schulische Qualifikation der Bewerber/-innen nach Migrationshintergrund
(Anteile je Personengruppe in Prozent)

Schulische Qualifikation	ohne Migrationshintergrund	mit Migrationshintergrund	davon: mit Herkunft aus:				Insgesamt
			osteuropäischen Staaten, GUS-Staaten	südeuropäischen Staaten	Türkei, arabischen Staaten	anderen Staaten	
(höchster) Schulabschluss							
maximal Hauptschulabschluss	32,7	44,2	42,7	48,3	45,2	39,6	35,7
mittlerer Schulabschluss	51,2	42,7	41,9	38,1	45,2	45,0	49,0
(Fach-)Hochschulreife	13,9	10,1	13,0	10,2	6,7	11,0	12,9
keine Angabe	2,2	3,0	2,4	3,4	2,9	4,4	2,4
letzte Deutschnote							
sehr gut oder gut	27,2	18,4	22,3	17,8	12,3	26,1	24,9
befriedigend	49,2	47,9	48,5	48,9	48,2	43,9	48,9
ausreichend oder schlechter	21,0	30,2	26,5	29,2	36,7	23,7	23,4
keine Angabe	2,6	3,4	2,7	4,1	2,8	6,3	2,8
letzte Mathematiknote							
sehr gut oder gut	26,0	22,6	30,6	16,5	20,0	15,5	25,1
befriedigend	37,2	35,0	37,5	32,3	35,8	29,4	36,6
ausreichend oder schlechter	34,1	38,9	29,9	46,7	40,8	49,6	35,4
keine Angabe	2,7	3,4	2,1	4,5	3,5	5,6	2,9
Insgesamt (je Merkmal)	100,0	100,0	100,0	100,0	100,0	100,0	100,0

Basis: Bewerber/-innen des Vermittlungsjahres 2009/2010 (ungewichtete Fallzahl: n = 4.566)

Quelle: BA/BIBB-Bewerberbefragung 2010

Abbildung 6 : Schulische Qualifikationen der Bewerber nach Migrationshintergrund

---
25 BiBB 16/ 11, S.1
26 Ebd.: S.2
27 Autorengruppe Bildungsberichterstattung(2008), 159, 162f., 318

eine duale Berufsausbildung (dt. Jugendliche: 23,8 %), die Anteile für die Jugendlichen mit Hauptschulabschluss (27,7 % gegenüber 42,9 %) bzw. mit mittlerem Bildungsabschluss (41,1 % gegenüber 54,8 %) liegen bei Ausländern nochmals niedriger als bei den Deutschen Kindern.[28]. Im Jahr 2008 lebten 7,1 Mio. Menschen mit ausländischer Staatsangehörigkeit in der BRD. Dies entspricht 8,7% der Gesamtbevölkerung (Bundesamt für Migration und Flüchtlinge 2011). Zwei Drittel (63%) besitzen sogar die deutsche Staatsangehörigkeit.Ein weit größeres Problem mit dem alle Jugendlichen mit Migrationen konfrontiert werden ist die ungerechte Chancenverteilung. Der Autor Helmut Heid findet hier eine treffende Beschreibung der realen Bedeutung von Chancengleichheit im deutschen Bildungssystem. Er beschreibt diese als „... *eine Utopie noch eine Illusion. Die abstrakte Verwirklichung von Chancengleichheit im Bildungswesen oder durch das Bildungswesen ist nichts anderes als die Legitimation (oder Verschleierung) der Regeln und Verfahren, nach denen Menschen tatsächlich in Güteklassen eingeteilt werden. Mit diesen Regeln und Verfahren werden nicht nur bereits erörterte Prämissen, Zwecke und Konsequenzen, sondern auch die Kriterien anerkannt, hinsichtlich derer Erfolg versus Misserfolg (häufig völlig fraglos) jeweils definiert sind.*" [29] Diese Aussage bestätigt die Situation vieler Migrantenkinder schon in der frühen Phase der Schulzeit. Markante Unterschiede in der sprachlichen Kompetenz führen zu einem großen Nachteil schon von Beginn an. Diese Benachteiligung beginnt schon viel früher. Kindergartenbesuche werden von Migrantenfamilien als überflüssig betrachtet. Viele Eltern, vor allem die Mütter übernehmen diesen Teil. Dabei sind sie sich nicht im Klaren , dass ein Kindergartenbesuch sprachliche Barrieren schnell abbauen kann. [30] Auch der niedrigere sozioökonomische Status der Eltern wirkt sich negativ auf die kognitive Entwicklung aus. Diese Aussage wird auch von Professor Euler bestätigt:„*Der für den allgemein bildenden Schulbereich in den PISA-Studien herausgearbeitete Zusammenhang zwischen sozialer Herkunft und Schulleistungen findet im Bereich der Einmündung der Jugendlichen in Ausbildung und Beschäftigung eine Fortsetzung. So sind beispielsweise Jugendliche mit einem niedrigen Bildungshintergrund der Eltern bzw. beruflichen Status des Vaters deutlich häufiger in den Maßnahmen des Übergangssystems repräsentiert als Jugendliche in einer vollqualifizierenden Ausbildung* "[31]. Trotz dieser sozioökonomischen Benachteiligung, streben

---

28 Prof. Euler (2010), S.22
29 Helmut Heid (1988), S.1-17
30 BiBB 16/ 11 , S.4
31 Prof. Euler (2010), S.22

diese Jugendlichen hohe Schulausbildungen an. Dies ist auch den Eltern geschuldet, die eine hohe schulische Erwartungen an Kinder haben. Vor allem die Jungen beenden häufiger die Hauptschule ohne Abschluss. Für Migrantenkinder, die nicht in Deutschland geboren sind und erst nach der Grundschule nach Deutschland zogen, erhöht sich diese Gefahr ohne Schulabschluss zu bleiben. Dadurch entstehen Verzögerungen in den Einsteig in eine Ausbildung. Diese führen wiederum zu einer Überpräsenz von Migrantenkindern in den Übergangssystemen[32]. Hier besteht aufgrund der negativen Erfahrung von Chancenungleichheit die Bildung von „Parallelgesellschaften". Wie diese Folgen sich bei den Jugendlichen äußert, wird in Kapitel 3.4 ausführlich behandelt. Anhand der Abbildung 6 soll die Situation der Bewerber nach Migrationshintergrund im deutschen Bildungssystem veranschaulicht werden. Man sieht, dass bei allen Gruppierungen der höchste Schulabschluss meistens der Hauptschulabschluss ist. Der Durchschnitt liegt hier bei 44,2%. Dicht gefolgt vom mittleren Schulabschluss mit 42,7%. Auch im Fach Deutsch schneiden die türkisch-arabischen Kinder schlecht ab. Dies Zahlen bestätigen die Sprachprobleme, die sich schon im Vorschulalter abzeichnen. Neben der Deutsch-Note ist auch die Mathematik-Note ein determinierender Faktor für das Erlangen einer Ausbildungsstelle. Hier schneiden vor allem die Jugendlichen aus dem Südeuropäischen Raum schlecht ab. Bemerkenswert gute Noten inMathematik weisen die Kinder aus dem Osteuropäischen Raum auf. Diese liegen bei 30,6% im Bereich „sehr gut oder gut". Vor allem Schulnoten sind deutliche Indikatoren für die Personaler von Unternehmen bei der Einstellung. Auch Zertifikate geben einen zuverlässigen Nachweis über Ausbildungsreife, Leistungsbereitschaft und Lernfähigkeit eines Bewerbers. Oft sind ausbildende Betriebe irritiert, ob die Noten wirklich ein klares Urteil über tatsächliche Leistungspotenziale und Produktivität erlauben.[33] Die Abbildung 7 zeigt Situation der Schulabgänger im Landkreis Augsburg als Vergleich an.

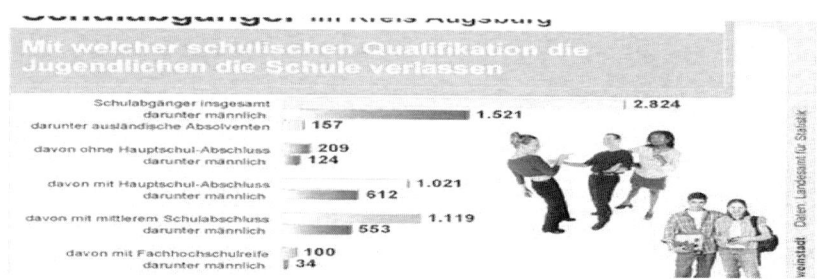

Abb. 7: Schulabgänger im Kreis Augsburg

---

32 Bundesministerium für Bildung und Forschung (2008) S. 37
33 BiBB 16/11, S.11

In der Abbildung 7 sieht man deutlich, dass vor allem die männlichen Schulabgänger im Fokus liegen. Im Kreis Augsburg sind das unter 1521 männlichen Schulabgängern 124 ohne Abschluss. Insgesamt blieben unter 2824 Abgängern 209 ohne Hauptschulabschluss. Berechnet ergibt das einen Anteil von 7,4%. Der mittlere Schulabschluss ist der am häufigsten erreichte Abschluss mit 1119 Absolventen im Kreis Augsburg, dicht gefolgt vom Hauptschulabschluss mit 1021 Absolventen. Unterrepräsentiert sind die männlichen Absolventen der Fachhochschule. Sie Stellen 34 von 100 Absolventen. Somit kann daraus folgern, dass die Mädchen ein besseres Schulbildungsniveau aufweisen als ihre männlichen Mitbewerber,Häufig stellen sich den Jugendlichen erschwerte Entscheidungsbedingungen bei der ersten Schwelle nach der Hauptschule. Viele sind sich nicht im klaren, ob eine Berufsvorbereitung oder eine Weiterbildung das Richtige ist. In dieser Unsicherheit beschließen viele den nächsthöheren Ausbildungsabschluss zu erreichen um somit die Chancen auf eine Arbeits- bzw. Ausbildungsstelle zu verbessern.[34] Nachdem nun die Allgemeine Situation im Bildungssystem der ausländischen Mitbürger deutlich geworden ist, drängt nun die Frage nach den Einmündungsperspektiven dieser Schulabgänger in die Arbeitswelt in den Fokus. Wie diese aussehen, wird im nächsten Kapitel 3.2 verdeutlicht.

3.2 Einmündungschancen von Hauptschulabgängern und Migranten

Wie in Kapitel 3.1 bereits erwähnt ist der Anteil der Jugendlichen mit Migrationshintergrund in Übergangssystem besonders überrepräsentiert. Was passiert nun nach Beendigung einer begonnen Maßnahme? Der Blick soll nun auf den Teilnehmer gerichtet werden, welche Wege sich ihm nach Beendigung einer Maßnahme aufzeigen. Diese Verlaufsmuster werden in 3 Typen aufgeteilt. Typ 1: Ein schneller Übergang in eine Berufsausbildung gelingt schnell. Diese Jugendlichen finden nach der Beendigung ihrer Bildungsmaßnahme schnell eine betriebliche Ausbildung und bleiben auch dauerhaft in dieser Beschäftigung erhalten. *„47% der Jugendlichen, die erstmals an einer der drei untersuchten Arten von Übergangsmaßnahmen teilnahmen, ist diesem Typ1 zuzuordnen. Häufig verfügen die Jugendlichen bei Maßnahmenende über einen Hauptschulabschluss (45%), relativ oft aber*

---

[34] Bundesministerium für Bildung und Forschung(2008), S. 39 f

auch über einen mittleren (42%) bzw. höheren Schulabschluss (6%)"[35]. Ein viertel der Teilnehmer hatte einen Migrationshintergrund. Knapp die Hälfte aller Teilenehmer gelingt schon nach Beendigung der ersten Maßnahme ein erfolgreicher Übergang in den Arbeitsmarkt. Der Typ 2 beschreibt den zügigen Übergang in eine nichtbetriebliche Ausbildung. Nach der Beendigung der Maßnahme nehmen die Teilnehmer sehr zügig eine schulische Berufsausbildung auf. Wartezeiten werden meistens durch weitere Maßnahmen oder durch Aushilfsarbeiten oder Nebenjobs überbrückt. 23 % der Teilnehmer entfallen auf diesen Typ 2. Vor allem Jugendliche die nach der ersten Maßnahme ohne Schulabschluss bleiben, nehmen mit 17% einen großen Teil ein. Der Hauptschulabschluss ist mit 36% und der mittlere Schulabschluss mit 42% vertreten. Der Anteil der Migranten fällt mit 16 % vergleichsweise klein aus.[36] Im dritten Typ gelingt der Übergang in eine Ausbildung nicht, oder ist noch nicht beabsichtigt. In dieser Gruppe finden sich oft auch Ausbildungsabbrecher und Jugendliche, denen es nicht gelungen ist innerhalb von 2 Jahren nach Beendigung ihrer ersten Maßnahme im Arbeitsleben Fuß zu fassen. Viele bleiben einfach auch zu Hause um nach einem passendem Berufseinstieg zu suchen. Vor allem der Anteil mit Migrationshintergrund ist mit 42% sehr hoch. Ein kleiner Teil der dieser Gruppe dazugehört, münden in die Fachoberschule oder ins Fachgymnasium ein, da sie keine Ausbildungsstelle gefunden haben oder einfach einen höheren Schulabschluss anstreben. Der Anteil dieser Jugendlichen, die diesen Weg wählen beträgt 13 %. Falls diese dann den weiteren Bildungsweg erfolgreich anschließen, erhöhen sich damit selbstverständlich auch ihre Chancen auf dem Arbeitsmarkt. Was besonders erstaunlich ist, dass es keine Rolle spielt ob die Jugendlichen *„ die Maßnahme abbrechen, zu Ende führen oder einen höheren Schulabschluss erwerben..."* das *„...hat keinen nachweisbaren Effekt auf die Einmündungswahrscheinlichkeit in eine betriebliche Ausbildung"*[37]. Des weiteren ist zu nennen , dass sich ein Migrationshintergrund immer schlechter auf die Übergangschancen in eine betriebliche Ausbildung auswirkt, unabhängig davon ob man entweder die mittlere Reife oder das Abitur besitzt.[38] Das führt zur Annahme das alle Migranten von Beginn an schlechtere Chancen haben eine Ausbildungsstelle zu finden als deutsche Jugendliche. Somit kann nicht von Chancengleichheit für alle Jugendlichen gesprochen werden. Unabdingbar für viele Ausbildungsplätze ist der Besitz der mittleren Schulreife. Um diese zu erlangen

---

35 BiBB 11/2009 , S.12
36 Ebd.: S.12
37 Ebd.: S.11
38 Ebd.: S.11

verlängern die ausländischen Jugendlichen ihren Schulbesuch. Hier besteht ein enger Zusammenhang zwischen dem gestiegenen Bildungsniveau um eine Ausbildungsstelle zu bekommen und der geringen Zahl an vorhandenen Ausbildungsplätzen[39]. Dadurch wird eine Einmündung in den Arbeitsmarkt erschwert. Unterschiede zwischen den Migrantengruppen zeigen sich deutlich bei den türkisch-arabischstämmigen Jugendlichen auf. Hier liegt die Übergangsquote bei 20%, unabhängig davon ob sie einen mittleren oder Hauptschulabschluss besitzen. Auch der Erwerb einer Fachhochschulreife steigert sich die Übergangsquote (26%) kaum.Jugendliche aus dem Osteuropäischen Raum gelingt die Einmündung mit einem Hauptschulabschluss vergleichsweise genauso gut wie Jugendlichen ohne Migrationshintergrund (28% zu 29%). Auch hier wirkt sich der Erwerb einer mittleren Reife kaum auf die Einmündungschancen auf. Jugendliche ohne Migrationshintergrund, die die mittlere Reife erlangen, vergrößern ihre Chancen in eine berufliche Ausbildung auf 48%.[40] Den größten Unterschied verzeichnen die Jugendlichen aus dem südeuropäischen Raum."*Während ihnen bei einem Hauptschulabschluss nur vergleichsweise selten der Übergang in betriebliche Ausbildung gelingt (22%), steigt ihre Erfolgshäufigkeit bei einem mittleren Schulabschluss beträchtlich an (40%). Besitzen sie die (Fach-)Hochschulreife, so ist ihre Einmündungsquote mit 59% sogar die höchste von allen Vergleichsgruppen*"[41]. Außerbetriebliche Ausbildungen tragen einen wesentlichen Teil zur Steigerung der allgemeinen Einmündungsquote bei. Sie vermitteln den Jugendlichen fehlende Kompetenzen und kompensieren das fehlende Ausbildungsplatzangebot. Jugendliche mit Migrationshintergrund haben mit der erfolgreichen Teilnahme an einer solchen Maßnahme und vorhandenem Hauptschulabschluß deutlich höhere Einmündungsquoten zu verzeichnen als mit einem mittlerem Schulabschluss.[42]. Die Determinanten dieser Einmündungsquoten bilden sich zum einem aus dem persönlichen Entscheidungen jedes einzelnen Bewerbers , zum anderem aus dem vorhandenem Ausbildungsplatzangebot der Unternehmen und deren Einstellungskriterien. Alle Unternehmen haben ein großes Interesse an einem motivierten und zuverlässigen Auszubildenden. Um das zu gewährleisten, wenden ein großer Teil der Personaler die Signaltheorie an. „*Die Signaltheorie und Filtertheorie wird innerhalb der Bildungssoziologie der Fokus auf den Übergang in den Beruf in Abhängigkeit von erworbenen Bildungszertifikaten gelegt. Bildungszertifikate stellen dabei ein Signal für die*

---

[39] Bundesministerium für Bildung und Forschung (2008) , S.40f
[40] BiBB 16/2011 , S.10
[41] Ebd.: S.10
[42] Ebd.: S.10

Bildungsausstattung der Arbeitskräfte in Form von Qualifikationen und Kompetenzen dar und sind somit ein Mittel der Selektion von Arbeitskräften dem sich der Arbeitgeber bedient".[43] Diese Zertifikate geben dem Personaler bzw. Arbeitgeber die Möglichkeit den Bewerber an Hand seiner Qualifikationen und Kompetenzen zu filtern und durch Selektion den passenden Bewerber auszuwählen. Dann wird jeder Bewerber gemäß dem Ansatz der Arbeitskräftewarteschlange (Thurow 1975) in eine Rangfolge sortiert, anhand ihrer antizipierten lern- und Leistungsfähigkeit. Je besser diese Eigenschaften ausfallen im Vergleich zu anderen Kandidaten ausfallen, desto höher rückt der Bewerber in die Rangfolge für die zu besetzende Ausbildungsstelle. Passt der Bewerber nicht in das Anforderungsprofil rückt dieser erst gar nicht in die Rangliste ein, da kein Betrieb hohe Ausbildungskosten bei mangelnder Leistungsbereitschaft aufnehmen will. Natürlich ist hier auch die Beliebtheit der Ausbildungsstelle und die Bewerberanzahl relevant. Bewerben sich viele auf dieselbe Stelle sind die Chancen geringer diese Ausbildungsstelle zu bekommen und umgekehrt.[44] Solche Maßnahmen seitens der Betriebe sind Notwendig geworden, da es vielen Teilnehmern an Übergangsmaßnahmen und Bewerbern an der nötigen „Ausbildungsreife" fehlt. Der Schulabschluss bestimmt als erster Indikator die Chancen auf dem deutschen Arbeitsmarkt. Mittlerweile setzen viele Betriebe ihren Fokus auf andere Determinanten. 50 % der befragten Betriebe legen den Fokus auf die Persönlichkeit. Über 40 Prozent auf kognitive Fähigkeiten und nur knapp 6 Prozent geben die schulische Vorbildung als entscheidendes Einstellungskriterium an.[45]. *„Im Hinblick auf die persönlichen Merkmale zeigt sich, dass die Übergangschancen junger Männer deutlich besser sind als die junger Frauen"* [46] Dadurch ergeben sich Bewerbern, vor allem denen mit Migrationshintergrund neue Chancen auf dem Ausbildungsmarkt, die positiv zu bewerten ist. Der regionale Aspekt der freien Ausbildungsstellen wirkt ebenso auf die Einmündungsquote. *„Ist diese sehr günstig – mit einer Relation von ausbildungsinteressierten Jugendlichen zu betrieblichen Ausbildungsangeboten von 80 % und mehr –, so sind die Einmündungschancen in betriebliche Ausbildung immerhin dreimal so hoch wie bei einer schlechten Ausbildungsmarktlage (unter 50 %)"* [47]. Diese regionalen Quoten sind stark abhängig auch von der demographischen Entwicklung in der betreffenden Region. Es besteht die Chance,

---

43 Solga (2005) S.20, Becker (2009), S.28 und Becker (2011),S.26
44 BiBB 16/11
45 WZBrief Bildung(2011), S.2
46 BiBB 16/11 , S13
47 BiBB 16/11, S.13

dass das Übergangssystem in der Breite abschmilzt.Unternehmen reagieren auf demographische Entwicklung mit Einstellungen um ihren Bedarf an Auszubildenden zu decken.Hier vergrößern sich ebenso die Chancen von Bewerbern die als „begrenzt ausbildungsreif" eingestuft werden. Diese fallen dadurch nicht mehr in Übergangsmaßnahmen[48]. Jedoch sagen diese nichts über die erfolgreiche Ausbildungsstellensuche über Jugendliche mit bestimmten Merkmalen und Eigenschaften aus. Über Regressionsmodelle lassen sich Aussagen über die Erfolgswarscheinlichkeiten von Jugendlichen mit bestimmen Merkmalsausprägungen treffen und wie eine Veränderung dieser Merkmale die Erfolgschancen erhöht oder verringert. Geht man von folgenden fiktiven Beispiel aus. Männlicher Jugendlicher, Migrationshintergrund, Hauptschulabschluss, befriedigende Deutsch- und Mathematiknoten beträgt die Quoten für einen erfolgreichen Übergang in eine Ausbildung bei 36%. Ersetzt man den Hauptschulabschluss mit einer mittleren Reife so erhöht sich der Faktor auf 56%. Ein Fachhochschulanschluss steigert diese Zahl nochmals auf 68%. [49] Das bestätigt die Aussage über die Wichtigkeit des Schulabschlusses als primäre Determinante in der Arbeitswelt für ausbildende Betriebe. Hätte dieser Jugendliche bei einem Hauptschulabschluss und anstatt befriedigenden Noten nur ausreichende Deutsch- und Mathematikleistungen, so würde sich seine Erfolgswarscheinlichkeit auf 20% verringern. Bewirbt sich nun aus Jugendlicher aus dem türkisch-arabischen Raum bei sonst gleicher Ausgangsbedingungen wie im fiktiven Beispiel, so würde dieser Jugendliche mit einer Warscheinlichkeit von nur 29% in eine betriebliche Ausbildung einmünden. Eine Steigerung dieser Einmündungsquote würde dieser Jugendliche erst bei einem höheren Abschluss als der mittleren Reife erreichen. Dann läge diese bei 47%. In diesem Fallbeispiel kommt nun der regionale Aspekt der Ausbildungsstellenlage positiv zum tragen. Bei günstiger Ausbildungsstellenlage erhöhen sich die Chancen dieses Jugendlichen auf 55%. Ist die Lage negativ gestimmt, beträgt sie nur 22%. Bewirbt sich nun ein Jugendlicher ohne Migrationshintergrund mit mittlerer Reife mit denselben Qualifikationen wie der türkisch-arabischstämmige Jugendliche so ist liegt dessen Erfolgsquote bei 56%. [50] [51]. Somit wird deutlich, dass es grundsätzlich keine Chancengleichheit zwischen Jugendlichen mit und ohne Migrationshintergrund bei gleichen Qualifikationen gibt. Eine erfolgreiche Einmündung hängt stark vom erreichten

---

48 Prof. Euler (2010) , S.25
49 BiBB 16/11, S.13f
50 Ebd.: S.13
51 Hilmmert (2010), S.167-174

Schulabschluss und guten Deutsch- und Mathematiknoten ab. Schulnoten haben auch einen großen Effekt auf die späteren Verdienstmöglichkeiten im Beruf.Absolventen mit guten Abschlussnoten verdienen meistens auch besser.Ist die Abschlussnote nach der Ausbildungsphase gut, so steigt auch das Gehalt. Gute Noten zahlen sich doppelt aus.Eine Studie zu Verdiensten zeigte deutlich, dass Gehälter bei Männern und Frauen nach der Ausbildung sehr stark variieren und nicht gleichviel Verdienen wie Männer [52]. Im Vergleich wird ebenso deutlich das Frauen schlechtere Möglichkeiten bezüglich ihrer Einmündungschancen haben. Außer wenn Frauen ihre schulischen Optionen einschließlich eines abgeschlossenen Studiums völlig ausgenutzt haben. Hier verschieben sich dann die Einmündungswarscheinlichkeiten deutlich zu Gunsten der Frauen. Hier besteht der Gefahr, dass sich eine Risikogruppe von Männern bildet. Diese sind sehr schlecht ausgebildet und kapseln sich oft von der Gesellschaft ab.[53]

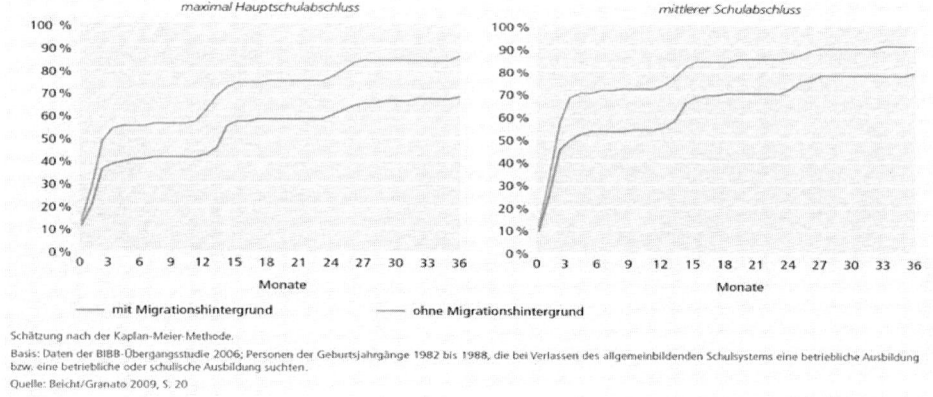

Abb 8: Einmündungswarscheinlichkeiten nach Schulabschluss

Wie bereits oben erwähnt hängt die erfolgreiche Einmündung in das Berufsleben stark vom erreichten Schulabschluss ab. Die Abbildung 8 verdeutlicht hier den Unterschied zwischen Bewerbern mit und ohne Migrationshintergrund nach der Vorgabe des erreichten Abschlusses.Deutlich zu sehen ist bei der linken Grafik die von Anfang an höhere Übergangsrate bei den Jugendlichen ohne Migrationshintergrund. Nach 3 Monaten erhöht sich diese bei den Jugendlichen mit Hauptschulabschluss auf fast 55%. Die Jugendlichen mit Migrationshintergrund haben nach drei Monaten eine Einmündungschance von ca. 35%. Signifikante Anstiege sind erst ab einem Jahr zu verzeichnen.Diese erhöht sich dann von 35%

---

52 IAB-Kurzbericht 20/2010, S.3f
53 Seeber (2001) , S.57

auf 55%, was dem Anfangsniveau von Jugendlichen ohne Migrationshintergrund nach 3 Monaten entspricht. Ähnliche Ungleichheiten zeigt die rechte Grafik in Abbildung 8. Trotz Realschulabschluss ist der Unterschied fast identisch groß. Bei Jugendlichen ohne Migrationshintergrund beträgt sie bereits nach 3 Monaten fast 70%. Bei Jugendlichen mit Migrationshintergrund gerade einmal 45% im selben Zeitraum. Das verdeutlicht die ungleichen Einmündungschancen von Jugendlichen mit Migrationshintergrund. Dennoch ist ein Realschulabschluss ein Garant für einen schnelleren Schritt ins Arbeitsleben. Deswegen haben Übergangssysteme hier einen berechtigten hohen Stellenwert für das erreichen eines mittleren Schulabschlusses. Jugendliche mit Migrationshintergrund müssen wesentlich mehr Mühe aufwenden und deutlich höhere Leistungen im schulischen Bereich aufzeigen um eine Ausbildungsstelle anzutreten als ihre deutschen Mitbewerber. Dann kommen noch betriebsinterne Bewerbungsmaßnahmen die diese Einmündungsquote für alle Jugendliche steigen oder sinken lassen.Nicht immer sind es die Qualifikationen die am Anfang stehen. 68% der Unternehmen gaben an, dass sie keine geeignete Bewerbung für die ausgeschriebene Stelle bekommen haben.Die Bewerbung entsprach nicht der äußeren Form oder der Bewerber hat seine eigenen Ambitionen an die Stelle nicht richtig vermitteln können. 20% sagten, dass die Auszubildenden erst gar nicht am ersten Arbeitstag angetreten sind. [54] Hier ist die Ursache ganz klar am Verhalten der Teilnehmer festzumachen.Wenn man sich von Anfang schon beim Bewerbungsschreiben um eine sauber Form kümmert und auch am Arbeitsplatz erscheint, steigert man schon im voraus seine Einmündungsschance in das Arbeitsleben. Nach den behandelten Einmündungschancen von Jugendlichen, eröffnet sich die Frage nach der Effektivität von Übergangssystem. Das nächste Kapitel behandelt die Effektivität von Übergangsmaßnahmen und lässt dabei auch den finanziellen und den unterrichtsspezifischen Anteil nicht außer acht.

---

54 Superillu 30/2012 , S.45

3.3 Effektivität von Übergangssystemen

Kommt das deutsche Bildungssystem und der Ausbildungsmarkt auch ohne Übergangsmaßnahmen aus? Wie in den letzten Kapiteln deutlich wurde, besuchen das Übergangssystem verschiedene Gruppen von Jugendlichen die alle in ihrer Herkunft und Qualifikationen unterschiedlich sind. Diese Heterogenität spiegelt sich auch in der Beurteilung vieler Jugendlicher wieder. Die in allen Maßnahmen festgeschriebene Förderung von Qualifikationen, Erwerb von Schulabschlüssen und hauptsächlich dem Erwerb einer Ausbildungsstelle spiegelt sich nur bei der Hälfte wieder. Die anderen 50% verzeichnen hier deutliche Erfolge aufgrund dieser Übergangsmaßnahmen, die positiv zu bewerten sind. Bei der anderen Hälfte der Absolventen solcher Maßnahmen lässt sich trotz Teilnahme ein bestehender Förderbedarf feststellen. Ein fehlender Schulabschluss, schlechte Noten in Leistungsfächern wie Deutsch und Mathematik und ein klar formulierter Berufswunsch sind die häufigsten Aspekte des besonderen Förderbedarfs. Natürlich finden sich auch Teilnehmer mit mittleren Schulabschlüssen. Diese bedürfen keiner speziellen Förderung, nehmen aber trotzdem Teil. Hier verfehlen die Übergangsmaßnahmen im Bereich der Förderung ihr Ziel bei dieser Gruppe. Trotzdem verhelfen sie auch dieser Gruppe zu einer Lehrstelle als positiven Nebeneffekt. Verständlich, dass Teilnehmer aus dieser Gruppe ihren Besuch in Übergangsmaßnahmen eher skeptisch und negativ bewerten.[55] *„Die Effektivität des Übergangssystems wäre idealerweise zu messen an den in den Maßnahmen vermittelten Kompetenzen und deren Relevanz für die Aufnahme einer nachfolgenden Ausbildung bzw. Beschäftigung...".* Aufgrund dieser oben beschriebenen Heterogenität und den verschiedenen Bewertungen von Jugendlichen ist der *„...Verbleib der Teilnehmer nach Beendigung der Maßnahme bzw. der Einmündung in eine vollqualifizierende Berufsausbildung als Maß der Effektivität für Übergangssysteme relevant".*[56] Die durchschnittliche Ausfenthaltsdauer von Teilnehmern von Maßnahmen im Übergangssystem beträgt 16,6 Monate.[57] 25% der Absolventen der Sekundarstufe 1 bleiben sogar 2,5 Jahre nach dem Schulabschluss ohne Lehrstelle. Von den Hauptschulabgängern bleiben sogar zwei fünftel ohne Berufsabschluss. Laut dem DJI Übergangspanel zwischen 2004-2009 bleiben 25% der Hauptschulabgänger 4,5 Jahre ohne Einstieg in eine Berufsausbildung. 21 Monate von diesen 54 Monaten verbrachten

---

55 Bundesministerium für Bildung und Forschung (2008), S. 41
56 Prof. Euler (2010), S.23
57 Beicht, Ulrich(2009). BiBB 11/09 , S.5

diese im Übergangssystem[58] [59]. Diese angegebenen Verweildauern in Übergangsmaßnahmen erscheinen sehr hoch. Aufgrund dieser langen Verweildauer erwartet man eher eine schlechte Resonanz gegenüber Übergangsmaßnahmen. 83% der 800 Teilnehmer von Berufsvorbereitungsmaßnahmen (BvB/ BVJ) bewerteten, sie hätten die Maßnahmen „sehr gern" (44%) / „eher gern" (39%) besucht. Diese Zahlen belegen den Erfolg in der Zufriedenheit der Teilnehmer von Übergangsmaßnahmen entgegen den Erwartungen [60]. Damit erfüllen Übergangsmaßnahmen ihre Funktion als Auffangbecken, das als Zwischenpuffer nach dem Schulabgang dienen soll. Das belegen zum einen die steigenden Einmündungsquoten bei Jugendlichen mit Migrationshintergrund. Diese steigen nach Ende der Schulpflicht nach der Teilnahme an Bildungsmaßnahmen schrittweise an. Auch Hauptschulabgänger ohne Abschluss ermöglicht das Übergangssystem einen besseren Zugang zu Ausbildungsstellen und geben den Jugendlichen eine „zweite Chance".[61] Jugendliche die schon vorher mit langen Wartezeiten ohne Ausbildungsplatz, schlechten Voraussetzungen und Qualifikationen in Maßnahmen eintreten, haben keinen wirklichen Nutzen davon. Obwohl Übergangsmaßnahmen Qualifikationen vermitteln sollen, werden diese eher als Notlösung betrachtet.[62] Hier hat das Übergangssystem keine große Effektivität. Auch ein vorzeitiger Abbruch nach antreten der Ausbildungsstelle kommt nicht selten vor. Von 3500 befragten Unternehmen gaben 20% an , dass die Stelle nachträglich vom Auszubildenden aufgelöst wurde. Weitere 20% entfallen auf die Antwort, dass die Ausbildungsstelle erst gar nicht angetreten wurde[63]. In solchen Fällen hilft auch keine Übergangsmaßnahme mehr, wenn der Bewerber aus eigener Entscheidung und eigenen Gründen eine Ausbildungsstelle erst gar nicht antritt oder sogar abbricht. Der Kostenfaktor steht auch hier als Effektivitätsdeterminante im Raum. Berücksichtigt man die Ausgaben des Bundes im Jahr 2010 für andere Projekte wie zum Beispiel: Kindertageseinrichtungen für über 3 jährige (12 Mrd €) oder Primärschulbereich (12,5 Mrd €), fällt der Anteil der Kosten für die Übergangsmaßnahmen im Jahr 2011 auf um gerechnet 4,3 Mrd €.[64] Anhand der Zahlen sollte man eher in Erwägung ziehen die Ausgaben in diesem Bereich zu erhöhen, da Jugendliche den selben Stellenwert besitzen sollten wie Vorschulkinder oder Grundschulkinder. Der

---

58 Gaupp, N., Lex, T. u. Reißig, B. (2010), S. 30
59 Prof. Euler (2010) , S.23
60 Beicht, Ulrich(2009), BiBB 11/09 , S.8
61 Bundesministerium für Bildung und Forschung (2008), S.41
62 Ebd. S. 41
63 Superillu 30/2012, S.45
64 Prof. Euler (2010) , S.24

Vorwurf der enormen Kosten ist damit abzuweisen und steht in keinster Weise in der Relation zu den Ausgaben anderer Bildungs- und Förderungsmaßnahmen. Auch Unternehmen tragen zur Effektivität von Übergangssystemen bei. Als erster Abnehmer von Absolventen verschiedenster Bildungsmaßnahmen erfüllen sie einen entscheidenden Part für eine erfolgreiche Übergangsquote.Wie bereits in Kapitel 3.2 erwähnt spielt die demographische Entwicklung hier eine große Rolle.Durch die momentanen Entwicklung im demographischen Bereich setzten viel Unternehmen verstärkt auf Neueinstellungen um die altersbedingten Abgänge adäquat mit Auszubildenden zu kompensieren.Aufgrund der vielen Neueinstellungen, die vor allem aus dem Pool des Übergangssystems kommen, wird die Zahl der Teilnehmer im Übergangssystem verringert, das wiederum steigert die Übergangsquote und somit die Effektivität.Hier ist auch ein gegenteiliges Szenario denkbar. Unternehmen übernehmen trotz der demographischen Entwicklung nicht verstärkt Jugendliche aus dem Übergangspool, die schon die Hauptschule mit Schwächen in der Leistungsbereitschaft oder kognitiven Schwächen abgeschlossen haben.Jugendliche mit besonderen Förderungsbedarf fallen in das Übergangssystem.Man kann sagen die Unternehmen wälzen die Verantwortung auf die Schultern öffentlicher Trägerschaften und suchen sich gezielt nur gute Absolventen von Übergangsmaßnahmen aus. [65] Durch die beschriebenen Beispiele wird deutlich, wie stark die Arbeitswelt den Erfolg von Bildungsmaßnahmen bestimmt. Das Problem der Jugendlichen mit Förderbedarf wurde bereits erkannt und benötigt hier eine Umstrukturierung in Form von Schulabschlüssen, die in einer bestimmten Regelzeit erreicht werden müssen. Auch außerbetriebliche Berufsausbildungseinrichtungen wurden hier für die erfolgreichen Teilnehmer von Übergangsmaßnahmen geschaffen.Dadurch fallen diese nicht erneut in eine andere Maßnahme. Sie haben zwar keinen Ausbildungsplatz vermittelt bekommen, erlernen aber einen Beruf außerhalb vom Betrieb. Dadurch werden die Übergangssysteme entlastet und leistungsschwächere gefördert.[66] Hier Bedarf es die Zusammenarbeit von Wirtschaft und Bildungswesen. Eine Effektivitätssteigernede Maßnahme könnte die gezielte Schulung zu anerkannten Ausbildungsberufen sein.Anstatt Schulabschlüsse und Tipps zu vermitteln, sollte der Fokus auf den Bedarf der Unternehmen gelegt werden um somit einen schnelleren und gezielten Übergang der Jugendlichen zu sichern.Durch diese nege Zusammenarbeit würde das Übergangssystem eine komplett neue Rolle im Vermittlungsprozess einnehmen und seine

---

65 Prof. Euler (2010), S.25
66 BiBB 16/11 , S.10

Effektivität optimieren.[67] Effektivität kann man aber auch in der Gestaltung des Unterrichts in den einzelnen Maßnahmen steigern. Natürlich ist ein geschultes Fachpersonal mit höheren Kosten verbunden. Eine Steigerung der Investitionen im Übergangssystem kann den Einsatz sicherstellen und somit noch effektiver arbeiten. Vor allem in der Gestaltung des Unterrichts ist noch Verbesserungspotenzial vorhanden. In einer repräsentativen Befragung gaben Teilnehmer mit Migrationshintergrund häufig an sie kommen mit dem Unterrichtstempo nicht mit. Andere wiederum wünschen sich eine Erklärung für Fachbegriffe, damit sie bei Prüfungen oder im Unterricht den Text besser verstehen. Die Ursache liegt an den deutlichen Schwächen in der Deutschen Sprache.[68] Eine Alternative wäre die Prüfungen in der Muttersprache abzulegen. 73% der Teilenehmer lehnen dieses ab und wollen die Prüfungen in Deutsch ablegen.[69] Das zeigt, dass Migranten bemüht sind an ihren sprachlichen Defiziten zu arbeiten um somit besser Fuß zu fassen im Arbeitsleben. Effektiver wäre eine Verlängerung der Bearbeitungszeit bei Prüfungen, dadurch können die Prüflinge Fragen häufiger durchlesen und besser verstehen. Dem Scheitern bei Prüfungen wird dadurch entgegen gewirkt.[70] Wie bereits erwähnt ist die Kompetenz des Lehrpersonals sehr wichtig. Da diese von der Bundesagentur für Arbeit finanziert werden, müssen diese spezielle Fertigkeiten aufweisen um den Erfolg der Bildungsmaßnahme zu gewährleisten. Die größte Hürde erweist sich im Umgang mit Migranten mit sprachlichen Defiziten. Hier eine ausgewogene Mischung und Differenzierung des Förderbedarfs zu finden ist schwer. Die Lehrkräfte sollen alle gleich behandeln und im gleichen Zeitraum Jugendlichen ohne Sprachbarrieren und mit Barrieren den geforderten Lerninhalte vermitteln. Ein hohes Maß an didaktischen Fähigkeiten ist ebenfalls von Nöten um scheinbar simple Wörter uns Begriffe allen verständlich zu machen.[71] Kulturelle Unterschiede sind auch ein Faktor für den effektiven Lernerfolg in der Bildungsmaßnahme. Edward Hall unterscheidet hier zwischen „high-context" und „low-context" Kulturen. Das erstgenannte entspricht der „Wir-Kultur" das andere der „Ich-Kultur".[72] Diese zwei Begriffe beschreiben die charakteristischen Eigenschaften der Jugendlichen im Unterricht. „Wir-Kulturen" sind geprägt von einem hohen Maß an Respekt gegenüber dem Dozenten. Dieser ist steht im Mittelpunkt und als Vorbild für die Jugendlichen. Man widerspricht nicht und man äußert sich im Unterrichtsgespräch nur wenn

---

67 Prof. Euler (2010), S.25
68 BiBB 4/08 , S.4
69 Ebd. S.3
70 BiBB 04/08 S.3
71 Ebd. S.4
72 Hall (1990) , S.6f

man aufgerufen wird bzw. gefragt wird.Die Harmonie in der Klasse ist stets oberste Priorität.[73] Die „ Ich-Kultur" kennzeichnet das Gegenteil. Die Lehrkraft steht nicht im Mittelpunkt. Die Schüler äußern sich spontan zum Unterrichtsgeschehen.Die Teilbnhmer dürfen am Dozenten Kritik üben. Der rege Meinungsaustausch wird als belebendes und fruchtbares Mittel zum wissenschaftlichen Fortschritt angesehen. Je nach dem aus welchem Kulturkreis die Teilnehmer kommen, so entwickelt sich der Unterricht. Jugendliche aus der „Wir-Kultur" werden sich eher nicht äußern und nochmal nachfragen wenn sie etwas nicht verstehen. Dadurch ist der Lernerfolg und die Effektivität der Lernklasse nicht für alle gleich gegeben. Hier sind gut geschulte Lehrkräfte unabdingbar. Die Bezahlung solcher Lehrkräfte ist kostspielig. Die meisten Lehrkräfte in Bildungseinrichtungen des Übergangssystems sind unterbezahlt. Viele von ihnen sind bereits in andere besser bezahlte Branchen untergekommen. Das Honorar des Lehrpersonals bestimmt ebenso die Effektivität des Übergangssystems.[74] Auch die Kürzung der Kursdauer ist negativ zu bewerten. Aus Mangel an finanziellen Mitteln oder Lehrpersonal werden Bildungsmaßnahmen in ihrem Umfang und Zeitdauer verkürzt. Teilnehmer, die zum Beispiel noch eine Sprache lernen möchten, können dies in der vorgegeben Zeit nicht schaffen. Des weiteren ist der Lernerfolg für alle Teilnehmer nicht mehr gegeben.Förderungsmaßnahmen bedürfen eben Zeit. Diese Zeitkürzung hemmt die Effektivität.[75] Zusammenfassend kann man sagen, dass für den Erfolg und Effektivität von Übergangsmaßnahmen es mehr Bedarf als nur die Maßnahme an sich anzubieten. Die Effektivität hängt von der Unterrichtsgestaltung, dem Lehrpersonal, dem Kulturkreis, dem Kursumfang, der Teilnehmer und vom finanziellen Aspekt ab. Wenn sich alle Faktoren auf einem hohem Niveau begeben, ist ein hohes Maß an Effizienz gesichert. Der Fokus soll sich nun auf die persönlichen Folgen für die Teilnehmer richten. Welchen Einflüssen sind Teilnehmer ausgesetzt? Wie reagieren diese darauf? Diese Fragen werden im folgenden Kapitel beantwortet.

---

73 BiBB 04/08 , S.5
74 Ebd.: S.6
75 Ebd.: S.6f

3.4 Folgen von Übergangssystemen am Individuum

Im letzten Kapitel wurden die unterschiedlichen Kulturen in „ich-Kultur" und „Wir-Kultur" aufgeteilt. Natürlich ergeben sich hier auch Unterschiede in der Verarbeitung von Drucksituationen. Dies kann Leistungsdruck sein, der sich im Unterricht äußert um den geforderten Leistungsinhalt in der gleichen Zeit zu bewältigen wie die anderen Teilnehmer. Leistungsdruck kann sich auch in Form der Suche nach einer Lehrstelle äußern. Jeder Jugendliche, sei dieser deutscher oder ausländischer Herkunft hat mit den Folgen der Einflüsse im Übergangssystem auf seine eigene Art zu kämpfen. Auch die ungleiche Chancenverteilung bei der Lehrstellen suche, kann sich bei Migrantenjugendlichen in Extreme entwickeln. Es werden viele Bewerbungen verschickt. Sehr oft erhalten die Jugendlichen absagen und verstehen nicht wieso. *„..Je häufiger die Jugendlichen Erfahrungen der Benachteiligung gemacht haben, desto eher neigen sie dazu, sich „kulturell zu differenzieren", d.h. Aspekte ihrer Herkunftskultur neu bzw. wiederzuentdecken, neu zu interpretieren und gegenüber Aspekten der dominanten Kultur aufzuwerten..."* [76].Diese kulturelle Differenzierung kann sich im Extremfall zu Parallelgesellschaften entwickeln. Migrantenkinder wachsen in einem anderen Kulturkreis auf. Bekommen von den Eltern andere Werte vermittelt. Beim Umzug in ein neues Land, werden die Kinder im mit der neuen Kultur konfrontiert und passen sich dieser an. Durch wiederholte Enttäuschungen und Erfahrungen von Ungleichheit wie zum Beispiel bei der Lehrstellen suche, besinnen sich die Jugendlichen auf ihre kulturellen Werte und beginnen die Werte der einheimischen Kultur abzulehnen. Formen können die Bildung von kleinen Selbsthilfegruppen sein, die dort ihr negativen Erfahrungen austauschen und so ein antriebsloses Dasein geraten und nicht mehr aus der Erwerbslosigkeit kommen, da sie der Auffassung sind,dass es keinen Sinn macht sich zu bemühen und abgelehnt wird aufgrund ihrer Herkunft. [77] Dies zieht sich nicht nur bei der Arbeitssuche durch, sondern auch in Ämtern, Behörden oder auch in Bildungseinrichtungen. Ein verstärkender Aspekt für die minderwertige Behandlung der Migranten ist der Umgang mit den im Ausland erworbenen Schulabschlüssen. Vor allem Jugendliche aus dem türkisch-arabischen Raum und dem Ex-Jugoslawien beklagen dieses Problem. In vielen Fällen werden Schulabschlüsse oder sogar akademische Abschlüsse von der Zeugnisanerkennungsstelle nicht anerkannt. Obwohl in gewissen Ländern die akademische Ausbildung ebenso gut ist wie

---

76 Bundesministerium für Bildung und Forschung (2008) S.38
77 ebd. S.38

in der BRD. Diese Verweigerung der bereits erworbenen Qualifikationen setzt gut ausgebildete Migrantenkinder auf eine Stufe mit Schulabgängern ohne Abschluss.[78] Den Jugendlichen wird somit die Grundlage für eine hochqualifizierte Erwerbstätigkeit genommen. Es entsteht für die Jugendlichen eine prekäre Situation.So gesehen beraubt sich der deutsche Staat seiner eigenen Ressourcen an Human Kapital um es mit den Worten Pierre Bourdieus auszudrücken. In Zeiten des Fachkräftemangels sollte dieses Vorgehen nochmal überdacht werden. Prekariat bedeutet rein definitorisch *„...eine inhomogene soziale Gruppierung, die durch Unsicherheit der Erwerbstätigkeiten gekennzeichnet ist. Dadurch können Lebensverhältnisse schwierig sein, bedroht werden oder zum sozialen Abstieg führen..."* [79] Besser bekannt ist das Prekariat in Verbindung mit atypischer Beschäftigung wie Teilzeitarbeit, befristete Beschäftigungsverhältnisse oder 400 € Jobs. Bei diesen Prekariat birgt das Risiko einer geringen Verdienstmöglichkeit, eines niedrigen Arbeitsplatzstatus, eine kleine Möglichkeit auf die Arbeitsausgestaltung.Die Arbeit dient quasi nur als pure existenzsichernde Maßnahme auf sehr niedrigen Niveau.[80] Passens erscheint hier die Situation mit Teilnehmern in Übergangsmaßnahmen. In ihrer Situation befinden sie sich ebenfalls in einer speziellen prekären Situation der Unsicherheit.Ihre Situation ist bereits vorherbestimmt durch eine permanente Unsicherheit auf dem Arbeitsmarkt. In der Gesellschaft gelten Teilenehmer bereits zu einer niedrigeren Erwerbsstufe bzw. gehören einer niedrigen Bildungsstufe an.Kommt dann noch nach der Teilnahme kein vermittelter Ausbildungs- oder Arbeitsplatz hinzu, so geht der soziale Abstieg weiter. Kategorisieren kann man Prekariat in 3 Typen. Klaus Dörre untergliederte es in die Zone der Integration, Zone des Prekariat und die Zone Entkoppelung. Genauer betrachten wir die Zone des Prekariat. Die Zone des Prekariat beinhaltet als erstes die prekäre Beschäftigung selbst oder in der Situation die Teilnahme an einer Übergangsmaßnahme selbst.Man bezeichnet diese als „temporäre Integration". Das heißt die Jugendlichen sind in dieser Stufe die „Hoffenden". Man erwartet durch die Teilnahme eine Verbesserung der Lebensumstände und Arbeitsverhältnisse.Die nächste Stufe ist eine „ dauerhaftes Arrangement". Hier akzeptieren die Jugendlichen ihre realistische Situation und sind sich über eventuelle Schwierigkeiten bei der Arbeitssuche im klaren. Die dritte Stufe der ist die der „ Zufriedenen". Die Jugendlichen haben hier erfolgreich an einer Übergangsmaßnahme teilgenommen und haben auch einen Arbeitsplatz gefunden.Diese

---

78 BiBB 04/08, S.6
79 Pelizzari (2009), S.49
80 Vogel (2009) , S. 198 , S.412

betrachten ihre Situation als eine „entschärfte Situation" und wiegen sich in Sicherheit. Obwohl ihr Arbeitsplatz zeitlich befristet oder auch unter ihren eigentlichen Bildungsabschluss liegt.[81] Dieses Model wird im Regelfall an Erwerbstätigen Personen angewendet. Durch die parallelen in der Situation am Arbeitsmarkt von Jugendlichen im Übergangssystemen bot sich ein passender Vergleich an. Die Jugendlichen unterliegen hier einer besonderen existenziellen Bedrohung. Dieser Bedrohung sind sie noch gar nicht bewusst oder nehmen sie nicht voll wahr. Erst mit der Zeit stellen sich auch psychische Beschwerden ein. Diese können auch schön während der Teilnahme an einer Maßnahme im Übergangssystem vorhanden sein. Bei manchen beginnen die Beschwerden erst durch die Teilnahme bei manchen werden die Beschwerden durch den Unterricht in der Gruppe verschärft. In welcher Form sich das äußert wird nun näher gebracht. Für die Entwicklungen von psychischen Folgen für die Teilnehmer unterscheidet man zunächst zwischen den individuellen Klima, also dem die der Teilnehmer für sich persönlich wahrnimmt und und dem kollektiven Klima. Metzge & Steinhausen beschrieben Faktoren für das kollektive Klima die sich aus verschiedenen Faktoren zusammensetzen. Zu diesen Faktoren gehören: Konkurrenz zwischen Schülern, Anerkennung durch Gleichaltrige Teilnehmer, Kontrolle durch das Lehrpersonal, Mitbestimmungsmöglichkeiten und Leistungsdruck.[82] Zum Punkt der Kontrolle durch das Lehrpersonal wurden oben bereits die Unterschiede in der „low- und high-cotext" Kultur der Schüler in der Maßnahme beschrieben und wie diese durch ihre Kultur vorherbestimmt sind. Satow und Schwarzer beschrieben das kollektive Klima aus einer anderen Perspektive. Deren wesentliche Faktoren beinhalten Mitschülerklima (Hilfsbereitschaft, Zusammenhalt in der Schulklasse etc.), Klima zwischen Lehrern und Teilenehmern (Leistungsdruck,...) und das allgemeine Klima, das aus Schul- und Unterrichtskultur sich ergibt (Disziplin, Identifikation mit der Maßnahme)[83]. Der Zentrale Begriff der Selbstwirksamkeit soll hier zwischen dem individuellen und kollektiven Klima verdeutlicht werden. Die Selbstwirksamkeit ist der Motor für die Veränderung vom psychischen Befinden jedes einzelnen. *„Individuell wahrgenommenes Klima ist bedeutsamer für die Entwicklung von Selbstwirksamkeitserwartung als kollektiv wahrgenommenes Klima"*[84] Das heißt, dass die oben genannten Faktoren wie Konkurrenz unter den Schülern, Anerkennungssuche, Umgang mit Lehrpersonal und der Leistungsdruck Hauptursache sind

---

81 Dörre (2009), S.48-52
82 Steinhausen (2006), S.5-8
83 Ebd.: S.17-19
84 Schoppe, S.7

für psychische Beschwerden. Diese bilden sich erst im Rahmen eine Übergangsmaßnahme. Welche Formen diese Dynamik der Selbstwirksamkeit annehmen kann wird nun gezeigt. Die häufigste Form ist das Mobbing. Diese Form kommt nicht nur im Kindergarten vor, sondern kann sich unter Umständen durch Schule, Fortbildungen und im Arbeitsleben fortsetzen. Die Auswirkungen des Mobbing ist bei jedem Einzelnen unterschiedlich. Mobbing beschreibt immer ein aggressives Verhalten zwischen Täter und Opfer. Dieses kann in der Klasse direkt oder indirekt erfolgen. Direkt wenn sich Täter und Opfer gegenüberstehen und sehen oder indirekt wenn hinter dem Rücken anderer Gerüchte und Lästereien verbreitet verbreitet werden. Diese Form der psychischen Druckausübung wirkt immer demütigend und innerlich zermürbend. Sie geschieht immer systematisch und wiederholt sich auf ein bestimmtes Opfer. Schnell werden hier auch andere Schüler involviert. Man unterscheidet zwei Typen von Opfern. Passive Opfer sind eher in sich gekehrt, still und eingeschüchtert. Die andere Gruppe ist provokativ-aggressiv. Diese Sorte von Opfern kann auch schnell durch negative Selbsterfahrung in die Rolle des Täters springen und Druck auf andere ausüben.[85] Bezieht man das Mobben nun auf Übergangsklassen im Übergangssystem so kann davon ausgehen dass diese Form weit verbreitet ist. Aufgrund der großen kulturellen Unterschiede vieler Teilnehmer, ist so ein Verhalten in niedrigeren sozialen Herkunftsschichten nicht selten und ein Mittel zur Druckausübung in der Klasse. Die aggressiven Opfer sind hier besonders Schwer betroffen. Meisten werten sie sich und ihren Körper selbst ab.Psychosomatische Beschwerden stellen sich ein und ziehen sich altersunabhängig durch die Schulzeit. Diese werden dann immer schlimmer und können sich dann als Selbstschädigung ihres Körpers oder durch körperliche Gewalt an anderen äußern. Diese durch Mobbing hervorgerufenen Depressionen können dann auch Selbstmordgedanken bei den Jugendlichen entstehen lassen, die dann umgehend vom Lehrpersonal ernst genommen werden muss. Andere wünschen sich körperlich stärker zu sein um sich wehren zu können.Im Endeffekt ist ein Rückzug aus dem sozialen Leben immer die Folge. Die Studie zum Schulalltag in Norwegen und der Schweiz (Flammer, Grob& Alsaker 1997) belegen dies. 2971 Kinder und Jugendliche von der vierten bis zur neunten Klasse wurden zu ihren Erfahrungen zu Mobbing und ihrer Zufriedenheit mit ihrem Körper befragt. Die Studie ergab psychosomatische Beschwerden und erkennbare depressive Tendenzen bei den befragten Jugendlichen.[86] Eine weitere psychische Form der Beeinträchtigung ist ADHS oder auch Aufmerksamkeitsdefizit/Hyperaktivitätsstörung. Sie

---

85 Schoppe, S.9
86 Ebd.

tritt im frühen Kindesalter auf und äußert sich in Aufmerksamkeitsstörung, Impulsivität und Hyperaktivität. Aufmerksamkeitsstörungen äußern sich vor allem wenn von den Jugendlichen im Unterricht verlangt wird sich mit Aufgabenstellungen zu beschäftigen, die ihnen nicht zusagen oder kein Interesse weckt. Auch Fremdbestimmung in Form von Aufgaben, die die Lehrkraft aufgibt können nicht erledigt werden. Auch bestimmte Lernimpulse oder Reize die dem Lernerfolg dienen sollen bleiben somit auf der Strecke. Daueraufmerksamkeit ist in dieser Form gar nicht möglich. [87] Hyperaktives handeln und impulsive unkontrolliertes Handeln der Teilnehmer im Unterricht sind die Folgen. Der Unterricht verstärkt dadurch nur die Reize dieser Krankheitsmerkmale, die sich bei nicht Behandlung in das spätere Arbeitsleben mitziehen. Konflikte in der Klasse sind dadurch nicht auszuschließen. Das familiäre Klima spielt hier bei dieser Impulsivität auch eine Rolle. Fehlt in der Familie die emotionale Basis oder wird auf den Jugendlichen großer Leistungsdruck ausgeübt, so kann sich diese Impulsivität in der Schulklasse oder auf dem Pausenhof in Aggression umwandeln. Soziale Kontakte können dadurch kaum geknüpft werden.[88] Durch diese Krankheitsmerkmale benötigen solche Teilnehmer spezielle Behandlung durch das Lehrpersonal. Gliederung des Unterrichts in klare Teile und Kontrolle der Hausaufgaben bewirken bei den Teilnehmern die Regel zu Gründlichkeit und Belastbarkeit . Ein weiteres Krankheitsbild bleibt sehr lange Zeit unentdeckt. Vor allem bei Migrantenkindern ist die Lese- und Rechtschreibschwäche weit verbreitet. Durch die neue Situation in der Übergangsmaßnahme und die gemischten Klassen. Setzen die Jugendlichen sich hohe Ziele und setzten sich selbst unter Leistungsdruck. Die Klassen sind meisten in den Leistungsbereitschaft und Verständnis sehr unterschiedlich. Nicht alle kommen genauso schnell mit dem Unterrichtsstoff mit wie andere. Durch die Kulturunterschiede (Ich-Kultur und Wir-Kultur) ergeben sich schnell Defizite. Rechtschreibschwäche und Leseschwäche sind oft auftretende Merkmale.Nicht selten kommen Schlafstörungen oder Prüfungsängste vor.[89] Die Folgen dieser Entwicklung sind schwerwiegend. Schlechte Noten in Deutsch sind die Regel und dadurch die nicht erfolgreiche Teilnahme an der Bildungsmaßnahme. Wie wichtig die Deutschnote für die spätere Arbeitssuche hat wurde uns bereits im Kapitel 3.2 verdeutlicht. Weitere Folgen im Fremdsprachenerwerb und eine niedrigere Schulqualifikation bei gleichen Begabung wie andere Jugendliche sind die Folge.[90] LRS kommt beim männlichen Geschlecht drei bis vier

---

87 Schoppe, S.20
88 Ebd.: S.21
89 Ebd.: S.30
90 Ebd.: S.31

mal häufiger vor als bei Mädchen. Im allgemeinen sind 4-8% der Jugendlichen von dieser Krankheit betroffen.Erschreckend ist die hohe Arbeitslosenquote bei betroffenen Jugendlichen. Im 25. Lebensjahr beträgt diese bereits 25%. Im Vergleich mit gesunden Jugendlichen beträgt die Zahl gerade einmal 4%.[91] Eine andere Form der psychischen Folgen ist das Schulschwänzen bzw. Schulverweigerung. Wobei beide Begriffe unterschiedliche Hintergründe besitzen. Beim Schulschwänzen handelt es sich um eine dissoziale Form des Fernbleibens im Unterricht. Die Jugendlichen Teilnehmer beginnen zwar die Übergangsmaßnahme mit einer gewissen Sorgfalt, verlieren aber schnell die Lust auf den Unterricht und suchen sich stattdessen attraktivere Orte oder interessantere Tätigkeiten die sie in der Zeit machen können. Bei manchen Jugendlichen zeigt auch verbunden mit diesem Schulschwänzen auch eine komplette Ablehnung gegen Schulleistungen und Anstrengungen jeglicher Art und bleiben gezielt dem Unterricht fern.[92] Die andere Form der Schulverweigerer kennzeichnen zwei wesentliche Merkmale, die Schulphobie und die Schulangst.Eng verbunden mit dieser Schulphobie sind Trennungsängste. Die Jugendlichen haben Angst dass ihnen auf dem Weg oder ihren zu Hause was passieren könnte. Deswegen gelingt es diesen Jugendlichen auch nicht von zu Hause abzunabeln. Die Schulangst verbindet mehrere Faktoren.Schulangst ruft bei den Jugendlichen oft ein negatives Bild von sich selbst und der Zukunft. Vor allem Übergangsmaßnahmen leiden im Volksmund unter dem Vorurteil nichts zu bringen. Diese Sichtweise unterstützt die Jugendlichen in ihrer Meinung, dass die Bildungseinrichtung an sich eine sinnlose Einrichtung ist und lehnen diese ab. Auch die Prüfungssituation ruft bei ihnen Angstzustände aus und übt zusätzlich Druck aus. Diesem wollen sich immer mehr Jugendliche nicht stellen.[93] Auch das soziale Leben innerhalb der Klasse sind Gründe für ein wegbleiben vom Unterricht. Entweder kommen Jugendliche nicht mit der Art des Lehrers klar oder sie kommen mit einzelnen Mitschülern nicht klar und gehen diesen Situationen so systematisch aus dem Weg. Die Folgen sind natürlich zum einen fehlende Schulleistungen durch das Fehlen.Dadurch erreicht man keinen höheren Schulabschluss und hat somit einen niedrigeren Schulabschluss als gleichaltrige oder Mitteilnehmer. Probleme soziale Bindungen unter Gleichaltrigen zu knüpfen fallen diesen Jugendlichen besonders schwer, da sie sich selbst isolieren. Die Kettenreaktion innerhalb der Familie bleibt nicht aus. Reibereien und Unmut über das Fernbleiben stellen sich ein. Der

---

91 Ebd.: S.31
92 Ebd.: S.39
93 Ebd.

Jugendliche erreicht mit seinem Verhalten genau das Gegenteil und bekommt auch noch rechtliche Konsequenzen für sein fehlen.[94] Diese Symptome ähneln auch dem des gestörten Sozialverhaltens sehr. Das äußert sich bei den Jugendlichen mit Vandalismus, Alkohol und Drogenmissbrauch und aggressiven Verhalten. Die Jugendlichen können durch negative Erfahrungen in der Schule oder ihrem sozialem Umfeld schnell in falsche Bahnen geraten. Isolation in oder Flucht in Gruppen kommen nicht selten vor. Vor allem Jugendliche mit islamischen Hintergrund, die negative Erfahrungen mit Behörden oder bei der ungerechten Vergabe von Ausbildungsplätzen gemacht haben, ziehen sich oft in religiöse islamische Einrichtungen zurück und suchen dort Bestätigung. Dadurch entsteht dann diese Gruppenbildung, die dann zu Integrationsproblemen führt, die bereits in Kapitel 3.1 und 3.2 kurz angeschnitten wurde. Ein weiteres Problem ist der Konsum von Drogen. Die Ursache für den Missbrauch von Drogen beginnt meistens in der Schule. In einer Befragung von Jugendlichen welche Belastungen besonders stark auf sie wirken bzw. diese auch erlebt wurden, nannten 44% der Befragten die Schule als Ort bei dem sie sich Überfordert fühlen. [95] Durch diese schulische Überforderung ergeben sich mehrere Stufen. Ausgehend von einer niedrigeren Intelligenz der Schüler oder der Klasse führt das zum chronischen Versagen und ggf. einer Belastung durch zusätzliche Nachhilfestunden. Die Jugendlichen entwickeln dadurch Minderwertigkeitsgefühle und versuchen diese dann auf eine bestimmte Art und Weise zu kompensieren.Nicht selten kommen dann Verhaltensstörungen wie bereits oben im Kapitel beschrieben und emotionale Probleme hinzu. Die meisten Jugendlichen flüchten sich dann in den Drogenkonsum um diese zu lindern.[96] Es ist nicht verwunderliche, dass viele Jugendliche bereits in der 6.Klasse anfangen täglich zu rauchen oder Alkohol zu konsumieren. Bereits in der 9.Klasse rauchen ca. 28% der Jugendlichen täglichen. Beängstigender wird die Zahl bei Alkoholkonsum. Ca. 22% der Jugendlichen sagen, dass sie mehr als vier mal in der Woche betrunken sind. [97] Diese Bekämpfung der schulischen Überforderung ist auch an Jugendlichen im Übergangssystem anzuwenden, die den Leistungsanforderungen nicht gewachsen sind.Meistens dienen aber dann härtere Drogen als Linderung und Zuflucht für emotionale und schulische Probleme. Nicht nur Schüler sind leidtragende des Übergangssystems, sondern auch das Lehrpersonal. Die Hauptfolge von Überarbeitung und anderen Faktoren ist das Burnout Syndrom. Sie gehört zu dem Häufigsten Erscheinungsbild

---

94 Schoppe, S.39
95 Junglas (2006) , S.13
96 Ebd.: S.19
97 Ebd. S.11

psychischer Folgen. Das Burnout Syndrom setzt sich aus verschiedenen Faktoren zusammen. Subjektive und Objektive Personenmerkmale bilden einen Faktor und situationsbedingte Arbeits- und Organisationsbedingungen. Zu dem ersten Faktor gehören Persönliche Merkmale, berufsbiographische Merkmale und Einstellung zum Beruf. Den Faktor bestimmen Kommunikationsstruktur, soziale Unterstützung und das gegebene Schulklima mit seinen Problemen. Diese beiden grossen Gruppen mit ihren Faktoren bestimmen den Deutungsprozess. Wie verarbeitet man Stresssituationen oder wie verhaltet man sich bei gegebenen Situationen in der Klasse. Dann wirken verschiedene Dimensionen auf der Ebene der Verarbeitung der subjektiv wahrgenommenen Belastungen . Diese Dimensionen bestehen aus Zufriedenheit, Angst, dem Belastungserleben und der psychosomatischen Befindlichkeit. Aus der Wirkung dieser genannten Dimensionen entstehen dann, die Beschwerden wie emotionale Erschöpfung, reduzierte Leistungsfähigkeit und Entfremdung zur eignen Person. Diese Beschwerden sind Indikatoren für ein Burnout Syndrom.[98] [99] Betrachtet man den Krankheitsablauf so stellt man fest, dass dies ein schleichender Prozess ist, der den betroffenen Lehrkräften nicht bewusst wird. Viele verdrängen oder leugnen die Beschwerden. Vor allem das Schulklima und die Arbeit mit Jugendlichen aus sozialen Problemfamilien verstärken den Einfluss von Stresssituationen und fordern den Lehrkräften alles ab. Dieses Model kann auch bei den Teilnehmern angewendet werden, wobei das Burnout Syndrom bei Jugendlichen nicht weit verbreitet ist.

4 Zusammenfassung, Fazit und abschließende Worte

Aufgrund der zahlreichen Entwicklungen im Finanz- und Wirtschaftswesen weltweit, war die Regierung der Bundesrepublik Deutschland gezwungen im Bereich des Arbeitsrechts wegweisende Reformen durchzusetzen, um den einheimischen Unternehmen die Existenzgrundlage zu sichern. Natürlich spielte auch die weltweite Konkurrenzfähigkeit eine entscheidende Rolle in den Reformen. Es entwickelten sich neue Typen der Beschäftigungsformen in Deutschland. Diese atypischen Beschäftigungsformen führten zu einem flexibleren Arbeitsrecht für die Unternehmen, die dadurch einen größeren Spielraum bei Ein- und Ausstellungen von Mitarbeitern hatten. Auf der anderen Seite entstand aufgrund

---
[98] Körner (2002), S.343
[99] Falkenberg , S.66-77

mangelnder Ausbildungsplätze und dem Einstellungstop vieler Unternehmen ein komplett neues Auffangbecken für Schulabgänger: Das Übergangssystem. Dieses Übergangssystem besteht aus fünf Bildungsmaßnahmen.Das Berufsgrundbildungsjahr (BGJ), das Berufsvorbereitungsjahr (BVJ), die Teilqualifizierende Berufsfachschule (BFS) , die Einstiegsqualifizierung Jugendlicher (EQ) und die berufsvorbereitenden Maßnahmen der Bundesagentur für Arbeit (BvB).Diese sind untereinander in ihrer Zugangsberechtigung und ihren Lehrzielen unterschiedlich.Jede dieser Maßnahmen hat die Aufgabe Jugendliche nach ihrem Abgang von der Hauptschule, sei dies mit oder ohne Abschluss, für das Arbeitsleben vorzubereiten, Qualifikationen zu vermitteln,das erreichen höherer Abschlüsse zu ermöglichen und in Lehrstellen zu vermitteln. Vor allem die Vermittlung von Ausbildungsstellen liegt im Hauptfokus von Übergangsmaßnahmen. Auf dieses Problem bezog sich auch die Themenstellung dieser Arbeit.Genauer betrachtet werden, sollten die Einmündungschancen von Migranten in das Arbeitsleben.Bei der Bearbeitung dieser Gruppe müssen Unterscheidungen durchgeführt werden.Die ethnische Herkunft und der kulturelle Hintergrund der Jugendlichen bestimmen hier weitgehend den Verlauf der Bildungsmaßnahme und die Einmündungswarscheinlichkeit. Dazu kommen dann als weitere Einmündungsdeterminaten die Einstellungskriterien der Unternehmen, die zu erfüllen sind. Die hier verwendete Signaltheorie ist aus der Sicht der Personaler ein gutes Mittel um Grundqualifikationen und Arbeitsleistungspotenzial der Bewerber anhand von Zertifikaten zu beurteilen. Die Bewerber werden kommen dann in eine Warteschleife. Der Rang der Warteschleife richtet sich nach der Übereinstimmung und der Passgenauigkeit des Bewerbers auf die zu vergebende Stelle. Kritikpunkte in der Signaltheorie sehe ich in der Bewertungsrelevanz von Zertifikaten und dem außer Acht lassen von persönlichen Potenzialen des Bewerbers. Zertifikate sagen in diesem Zusammenhang nichts aus über die Qualität der Arbeit und die Einstellung gegenüber dieser aus. Erschwerend kommt der Status des Migrationshintergrundes dazu. Dieser wirkt sich von Beginn an negativ auf die Arbeitssuche aus. Schulabschlüsse spielen hier keine untergeordnete Rolle. Großen Einfluss auf die Übergangschancen nehmen die Schulabschlüsse ein. Ein Realschulabschluss verbessert bei Migrantenkindern die Einmündungsquote um ca. 20%. Wobei die Einmündungsquote im Vergleich zu deutschen Jugendlichen von Beginn an um die Hälfte schlechter ist. Neben dem Schulabschluss ist die Deutsch und Mathematik-Note entscheidend für einen raschen Übergang ins das Berufsleben. Hier bemerkt man deutliche Unterschiede in den Deutsch und Mathematik Leistungen abhängig von der ethnischen Herkunft der Jugendlichen mit Migrationshintergrund. Türkisch-arabische Jugendliche erzielen wesentliche schlechtere Noten in Deutsch und Mathematik und schneiden am schlechtesten ab, wenn es um Übergangsraten geht. Jugendliche aus dem osteuropäischen Raum erzielen hingegen gute Mathematik-Noten und bessere Deutsch-Noten. Diese finden schneller in eine Lehrstelle als andere Jugendliche mit schlechteren Noten in diesen beiden Fächern. Die BiBB-Studie in der die Abhängigkeit von der Deutsch und Mathematik-Note in Bezug zu den erfolgreichen Übergängen von Jugendlichen mit Migrationshintergrund misst, belegt die Tatsache der besseren Einmündungschance mit besseren Deutsch- und Mathematik-Noten und zeigt, dass die Bemühungen der Jugendlichen bereits in der Schule vor ihrem Abschluss wichtig sind um zügig ins das Arbeitsleben einzusteigen. Kritisch zu sehen ist, dass den anderen Schulfächern keine entscheidende Rolle in der Einmündungsphase zugesprochen wird und diese somit indirekt abgewertet werden. Die Effektivität von Übergangssystemen wird in erster Linie an den erfolgreichen Übergängen gemessen. Diese hängt stark von den Einstellungen der Unternehmen ab und ist regional abhängig.Auch die Gestaltung des Unterrichts in dem die Lernziele vermittelt werden sollen sind Effektivitätsdeterminanten.Im Schnitt bleiben Jugendliche 16,6 Monate in Bildungsmaßnahmen hängen. Ein Teil von den Jugendlichen bleibt sogar länger , da sie keine passende Ausbildungsstelle gefunden haben und einfach nicht wissen wohin sie sollen und einen höheren Schulabschluss versuchen zu erreichen. Die Investitionen in diesen Bildungsbereich sind im Vergleich zu anderen Projekten des Bundesregierung niedrig. Hier wäre Spielraum nach oben. Die andere Aufgabe vom Übergangssystem ist die Funktion die Jugendlichen nach einer erfolglosen Lehrstellensuche aufzufangen und diese durch Bildungsmaßnahmen weiter zu bilden in dem sie berufsspezifische Qualifikationen hinzu erlernen. Diese kompensatorische Aufgabe ist hier erfüllt.Zu den positiven Eigenschaften der Bildungsmaßnahmen kommen nun die Folgen solcher auf das Individuum hinzu.Dieses Feld äußerst ist äußerst breit gefächert. Beginnend bei den Schülern sind die häufigsten Ausprägungen Mobbing innerhalb von Schulklassen. Lästereien gehören zum Schulalltag. Hyperaktivität, Aufmerksamkeits- und Konzentrationsstörungen,Drogenkonsum und gestörtes soziales Verhalten sind Bestandteil und schränken den Lernerfolg innerhalb des Unterrichts ein.Prekäre Situationen aufgrund von der bedrohten Unsicherheit im späteren Erwerbsleben machen sich bemerkbar. Auch das Wegbleiben vom Unterricht sind Folgen der Überforderung und Leistungsdrucks der

Schüler,die innerhalb der Bildungsmaßnahmen auf die Jugendliche einwirken.Die Lehrkräfte leiden ebenso unter den Folgen ihres Unterrichts und ihrer Arbeitsstätte. Unmotivierte Teilnehmer aus verschiedenen sozialen und kulturellen Schichten und Ethnien führen zu Überanstrengung und Antriebslosigkeit. Dieser schleichende Prozess mündet in ein Burnout von dem 60% der Lehrkräfte in Deutschland betroffen sind. Lehrer und Arbeiter im Sozial und Pflegebereich sind die am stärksten gefährdete Gruppe.[100] Das Fazit zum bearbeiteten Thema der Einmündungschancen von Migranten in den Arbeitsmarkt fällt zusammenfassend positiv aus. Zu diesem Ergebnis tragen in erster Linie die Existenz von Übergangssystemen bei. Natürlich sind diese für alle Jugendliche offen, aber im Lauf der Jahre kristallisierte sich hier eine deutliche überproportionale Präsenz von Jugendlichen mit Migrationshintergrund.Der Abbau sprachlicher Barrieren und die Vermittlung weiterer Berufsqualifikationen, sollen den Jugendlichen helfen schneller eine Lehrstelle zu finden. Die Jugendlichen kommen somit nicht auf die Straße, wo sie sich selbst überlassen sind sondern werden aufgefangen und werden gefördert. Ebenso wichtig ist die Möglichkeit auf den Erwerb eines höheren Schulabschlusses. Eine Vermittlung ist mit Hilfe des Übergangssystems definitiv möglich, jedoch ist die Leistungsbereitschaft des Teilnehmers und seine Einstellung zum Lernen und Arbeiten entscheidend über die Dauer des Vermittlungsprozesses. Negativ zu bewerten ist sind die grundsätzliche Chancenungleichheit zwischen den Jugendlichen. In vielen Fällen die bereits im Laufe der Arbeit beschrieben wurden, wird deutlich dass Jugendliche mit Migrationshintergrund von Beginn ihrer Suche nach einer passen Arbeitsstelle deutlich niedrigere Einmündungschancen aufweisen wie deutsche Jugendliche. Selbst bei gleichen Qualifikationen und gleichwertigen Schulabschlüssen werden bei der Stellenvergabe Migrantenkinder benachteiligt von den Unternehmen behandelt. Das macht deutlich, dass Jugendliche aus Migrantenfamilien deutlich bessere Leistungen in der Schule erbringen müssen um gleichwertig mit deutschen Jugendlichen am Ausbildungs- und Arbeitsmarkt behandelt zu werden.Übergangssysteme helfen zwar den Jugendlichen bei den Erstellung von Bewerbungen und der Vermittlung von Lehrstellen, sind aber kein Ort um die bereits erbrachten Leistungen in den Schulfächern zu revidieren oder nachzubessern. Hier gilt es für die Jugendlichen anzusetzen. Bessere Noten in den Grundfächern vergrößern deutlich die Chance auf einen regulären Erwerb von höheren Abschlüssen und steigern gleichzeitig die Einmündungschancen. Aus dem Zusammenhang wird deutlich, dass auch die Betriebe einen

---

100 Bild Zeitung, Stress und Burnout bei Lehrern

Beitrag zu der momentanen Situation beigetragen haben. Durch ihre Personalpolitik nehmen diese aktiv an der Entwicklung der Einmündungschancen teil. Diese wirkt sich der gegebenen gegenwärtigen Lage deutlich negativ für die Jugendlichen mit Migrationshintergrund aus.Somit bleibt auch ein großer Teil an Humankapital ungenutzt im Bildungssystem hängen, obwohl man sich diesem so leicht bedienen könnte. Wie sehen Veränderungen und mögliche Entwicklungen für die Zukunft aus? Das Übergangssystem hat in seinem Aufgabengebiet aufgrund der Lage am Ausbildungsmarkt und der Qualifikation seiner Teilnehmer eine berechtigte Funktion in deutschen Bildungssystem. Dennoch sollten Lehrpläne und Zeitpläne überdacht werden. Viele vermittelte Inhalte sind für einen Teil der Teilnehmer unbrauchbar oder passen nicht in die Grundqualifikationen für den angestrebten Besuch. Auch die immer noch langen Verweilzeiten in Bildungsmaßnahmen sind ein Problem. Beides ist durch eine engere Kooperationen mit den Unternehmen in der Region zu lösen. Gezielte Schulungen nur für Berufe die auch die Betriebe suchen und Einstellen würde die Einmündungsquote steigern und unnötige Verweilzeiten in Bildungsmaßnahmen vermeiden.Dadurch würde der Unterricht und die Lerninhalte besser und gezielter zum in Aussicht stehenden Beruf vermittelt werden. Die Unternehmen hätten dadurch erhebliche Vorteile in der Ausbildungsphase. Lerninhalte in der Ausbildung könnten weggelassen, verkürzt oder durch integrierte Fortbildungen ergänzt werden.Solche Projekte werden bereits in einigen Bundesländern ausprobiert und vorangetrieben. Die demographische Entwicklung lässt eine Tendenz erkennen, dass die Zahl der Teilnehmer in den Übergangsmaßnahmen zurückgehen wird. Ursachen hierfür sind zumal das steigende Bildungsniveau und der Eintritt vieler Mitarbeiter in das Rentenalter. Dadurch entstehen viele freie Ausbildungsplätze, die die Unternehmen besetzen müssen um ihre Nachhaltigkeit zu sichern. Hier besteht die große Chance auch für geringerqualifizierte Migrantenkinder einen Ausbildungsplatz zu bekommen.Diese Entwicklung birgt auch Risiken für die Jugendlichen, die dann durch billigere Arbeitskräfte aus dem Süden ersetzt werden.Die europäische Schuldenkrise der Griechen, Spanier und die bedrohten Italiener führt zu einer verstärkten Einreise nach Deutschland. Vor allem die Italiener verzeichnen mit 232.800 Zuwanderungen einen Zuwachs von 22%.[101] [102]. Diese Zahlen erinnern stark an die Zeiten des Wirtschaftsbooms in Deutschlands, in der viele Gastarbeiter in die BRD kamen um gutes Geld zu verdienen. Es bleibt abzuwarten ob sich dieses Szenario der verstärkten Zuwanderung nochmal wiederholt. Ebenso möglich wäre eine gleichbleibende Situation am Arbeits- und

---

101 Der Stern,Südländer stürmen den Arbeitsmarkt
102 Presseportal, Junge Italiener stürmen den Arbeitsmarkt

Ausbildungsmarkt. Die Betriebe warten die Entwicklungen in der globalen Wirtschaft ab und konsolidieren ihren Personalstamm. Dadurch verändert sich am Ausbildungsmarkt und in den Übergangssystemen wenig. Die Einmündungsdynamik würde wegbleiben. In der Verantwortung der Politik und der Regierung sollte zunächst die zügige Anerkennung von akademischen Graden, die im europäischen Ausland erworben wurden, stehen. Man hat bereits verstärkt begonnen Zeugnisse und Abschlüsse anzuerkennen, dennoch besteht in diesem Bereich Nachholbedarf. Eine schnellerer Anerkennungsprozess würde zu einer besseren Bewältigung des Fachkräftemangels führen und vielen Jugendlichen aus Migratenfamilien den Gang in eine Übergangsmaßnahme ersparen. Meine persönliche Meinung und Auffassung zum behandelten Themenfeld der Übergangssysteme beschränkte sich zu Beginn der Arbeit nur auf das oberflächliche Wissen von Strukturen und das vorhanden sein von Bildungsmaßnahmen. Mit der intensiven Beschäftigung der Materie und vor allem mit dem Themengebiet der Einmündungschancen von Migranten in die Arbeitswelt änderte sich mein Blick auf diverse Entwicklungen in diesem Bereich. Vor allem ein Gespräch mit einem Teilnehmer der Berufsvorbereitenden Maßnahme schilderte mir seine Eindrücke und versuchte mir die Situation innerhalb der Klasse zu beschreiben. Diese deckten sich mit der theoretischen Basis und mit Hilfe der Literaturarbeit erworbenen Kenntnisse. Ein großes Problem ist die unterschiedliche Auffassung von Leistungs- und Lernbereitschaft innerhalb der Klassen der jeweiligen Bildungsmaßnahmen.Die hohe Heterogenität der Ethnien und Kulturen erschweren den Bildungsfortschritt und dadurch die Vermittlung in konstante Arbeitsverhältnisse. In meinen Augen bewegt sich das Übergangssystem an der Grenze der Belastbarkeit und erbringt gute Vermittlungsergebnisse, die auch in in Kapitel 3.2 deutlich wurden.Potenzial sehe ich vor allem in der Motivation, Einstellung und Leistungsbereitschaft der betroffenen Jugendlichen mit Migrationshintergrund. Eine realistischere Einschätzung ihrer eigenen Möglichkeiten,vorhandenen Qualifikationen Zugangschancen zu Ausbildungsberufen und Engagement bei der Lehrstellensuche, würde eine Übergangsmaßnahme überflüssig machen. Dadurch könnte man viel Zeit, Geld und Nerven sparen, die man gewinnbringender im Arbeits- oder Privatleben einbringen könnte. In dem Sinne möchte ich diese Arbeit damit abschließen.

Abbildungsverzeichnis

Abbildung1: Verteilung der Neuzugänge auf die drei Sektoren des beruflichen Ausbildungssystems (2006). Quelle: Die berufsbildende Schule, April 2009 (Titelbild).

Abbildung2: Besuchte Schularten von 13 jährigen 1960 und 1980. Quelle: Statistisches Bundesamt (Hg.) 2000:59

Abbildung3: Schnittstellenproblematik. Quelle:http://www.bwpat.de/ausgabe14/weber_bwpat14.shtml (Zugriff am 27.06.2012)

Abbildung4: Einmündungen in Bildungsgänge in das Übergangssystem.

Abbildung5: Einmündung in Bildungsgänge 2015-2025; Quelle: Autorengruppe Bildungsberichterstattung 2010 S. 313 – 315

Abbildung6 : Schulische Qualifikationen der Bewerber nach Migrationshintergrund; Quelle: http://www.bibb.de/images/inhalte/a12_bibb-report_1611_abb04_700_rdax_220x211_100.jpg

Abbildung7: Schulabgänger im Kreis Augsburg, Quelle: http://www.augsburger-allgemeine.de/augsburg-land/209-Schueler-verlassen-Schule-ohne-Abschluss-id4529076.html vom 15.11.2008, Zugriff am 11.7.2012

Abbildung8: Einmündungswarscheinlichkeiten nach Schulabschluss, Quelle: http://datenreport.bibb.de/media2010/schau_a5_9-3_700px.jpg , Zugriff am 24.08.2012

Literaturverzeichnis

Agentur für Arbeit , Einstiegsqualifizierung Jugendlicher , http://www.arbeitsagentur.de/nn_26268/zentraler-Content/A05-Berufl-Qualifizierung/A051-Jugendliche/Allgemein/Einstiegsqualifizierung.html Zugriff am 29.6.2012

Alessandro Pelizzari: Dynamiken der Prekarisierung. Atypische Erwerbsverhältnisse und milieuspezifische Unsicherheitsbewältigung. UVK-Verlag, Konstanz 2009; S. 49.

Arbeitsagentur Jugendliche und Bildungsmaßnahmen, http://www.arbeitsagentur.de/nn_26268/zentraler-Content/A05-Berufl-Qualifizierung/A051-Jugendliche/Allgemein/Berufsvorbereitende-Bildungsmassnahmen.html Zugriff am 29.6.2012

Arbeitsstab Forum Bildung: Förderung von Chancengleichheit. Vorläufige Empfehlungen und Expertenbericht. Bonn 2001,S.25

Auszubildende im Blickpunkt, Berufsvorbereitende Maßnahmen, http://www.azubi-azubine.de/ausbildung/berufsvorbereitende-massnahmen/das-berufsvorbereitungsjahr-bvj.html Zugriff am 28.6.2012

Autorengruppe Bildungsberichterstattung (Hrsg.) (2010). Bildung in Deutschland 2010. Bielefeld: W. Bertelsmann.S.97, 59,118,288

Autorengruppe Bildungsberichterstattung, 2008, 159, 162f., 318

Becker, Rolf, Integration durch Bildung: Bildungserwerb von jungen Migranten in Deutschland,2011, S.25-28

Becker, Rolf: Entstehung und Reproduktion dauerhafter Bildungsungleichheiten.In: Becker, Rolf (Hrsg.): Lehrbuch der Bildungssoziologie. Wiesbaden 2009, S.28, 85–129

Beicht, Ulrich. (2009). Verbesserung der Ausbildungschancen oder sinnlose Warteschleife? BIBB-Report 11/2009 , S.5

BiBB Report 04/2008 S.2-8

BiBB Report 11/2009 , S.2,11,12

BiBB Report 16/ 2011 , S.1,2,4,10,11,13

BIBB, Autorengruppe Bertelsmann, Heft 122, Reform des Übergangs von der Schule in die Berufsausbildung, 2011, S.7

Bild Zeitung, Stress: Wieso ist ein Burnout bei Lehrern fast schon Normal?, http://www.bild.de/infos/krankheiten/burnout-syndrom/burnout-bei-lehrern-10293532.bild.html, Zugriff am 06.09.2012

Bildungsbericht 2006,Hrsg. Konsortium Bildungsberichterstattung, S. 79

Bildungsbericht 2008, Hrsg. Autorengruppe Bildungsberichterstattung, S. 99

BMBF;Von der Hauptschule in Ausbildung und Erwerbsarbeit: Ergebnisse des DJI-Übergangspanels , S.31

Bundesministerium für Bildung und Forschung - Von der Hauptschule in Ausbildung und Erwerbsarbeit: Ergebnisse des DJI-Übergangspanels, S. 37,39,40,41

Expertise „Demographische Entwicklung, Prof. Euler, 2010 – Übergangssystem/Berufsausbildung S.16, S.22

Falkenberg, Ferdinand, Das Burnoutsyndrom bei Lehrkräften, Examensarbeit, Grin Verlag, S.66-77

Galetzka, Claudia; Stein, Gerolf: Aktuelle Probleme –Bildungspolitischer Hintergrund des Modellprojekts „Evaluation des vollschulischen Berufsgrundbildungsjahres in Hessen" (Blickpunkt BGJ).In: Münk, Dieter; Rützel, Josef; Schmidt, Christian(Hrsg.): Labyrinth Übergangssystem. Bonn 2008, S. 15-28

Gaupp, N., Lex, T. u. Reißig, B. (2010). Hauptschüler/innen an der Schwelle zur Berufsausbildung: Schulische Situation und schulische Förderung. München, Halle: Deutsches Jugendinstitut. S. 30

Gerry Rodgers aus 1989 bei Berthold Vogel:Das Prekariat – eine neue soziale Lage?In: Robert Castel, Klaus Dörre (Hrsg.):Prekarität, Abstieg, Ausgrenzung. Die soziale Frage am Beginn des 21. Jahrhunderts.Campus, Frankfurt am Main/New York 2009, S. 198 u. 412.

Hall, Edward T.; Hall, Mildred Reed: Understanding Cultural Differencies, Yarmouth, Maine 1990, S.6f

Hans-Christoph Steinhausen, Schule und psychische Störungen, Kohlhammer Verlag S.5-8,

Helmut Heid: Zur Paradoxie der bildungspolitischen Forderung nach Chancengleichheit, in: Zeitschrift für Pädagogik, Flitner Hrsg., Jahrgang 34, Heft 1, S.1-17, Weinheim/Basel 1988

Hillmert, Steffen: Betriebliche Ausbildungund soziale Ungleichheit. In:Sozialer Fortschritt (2010) 6–7, S. 167–174

Hradil, Stefan: Soziale Ungleichheit. 8. Auflage, Opladen 2001, S.160

IAB-Forschungsbericht 5/2010,Evaluation des Projekts „Abschlussquote erhöhen - Berufsfähigkeit steigern", S.97-106

IAB-Kurzbericht 20/2010,Einstiegsgehälter von Ausbildungsabsolventen : Gute Abschlussnoten zahlen sich aus / Gabriele Wydra-Somaggio ; Holger Seibert ; Volker Kotte ; Tanja Buch ; Stefan Hell, S.3-7

Junglas, Jürgen, Schulassoziierte psychische Störungen vom 29.06.2006

Klaus Dörre:Prekariat im Finanzmarkt-Kapitalismus.Robert Castel, Klaus Dörre (Hrsg.):Prekarität, Abstieg, Ausgrenzung. Die soziale Frage am Beginn des 21. Jahrhunderts.Campus, Frankfurt am Main/New York 2009, S. 48-52.

Körner, Silvia, Das Phänomen Burnout am Arbeitsplatz Schule, Januar 2002, S.343

Presseportal, Junge Italiener stürmen den Arbeitsmarkt,5.09.2012, http://presseportal.li/19658/junge-italiener-stuermen-deutschen-arbeitsmarkt/ , Zugriff am 06.09.2012

Prognos, Forum 2: Übergangssystem, S.1

Schultheis, Franz / Schulz, Kristina,Gesellschaft mit begrenzter Haftung Zumutungen und Leiden im deutschen Alltag,1. Auflage 07.2005 , S.198-207,547-552

Sebastian Schoppe,Schule und psychische Störungen, http://www.uni-leipzig.de/~psycho/pphome/documents/2010/2010-11-04_SchupsySt.pdf , Zugriff am 21.08.2012

Seeber, Susan ,Einmündungschancen von Jugendlichen in eine berufliche Ausbildung: Zum Einfluss von ZertifikatenKompetenzen und sozioökonomischem Hintergrund, In: Migration als Chance : ein Beitrag der beruflichen Bildung / Mona Granato [Hrsg.] ; Dieter Münk [Hrsg.] ; Reinhold Weiß [Hrsg.]. - Bielefeld. - (2011), S.55-62

Solga, Heike: Ohne Abschluss in die Bildungsgesellschaft. Die Erwerbschancen gering qualifizierter Personen aus soziologischer und ökonomischer Perspektive. Opladen 2005 ,s.20

Stern Magazin, Südländer stürmen deutschen Arbeitsmarkt ,09.08.2012, http://www.stern.de/politik/deutschland/konsequenzen-der-schuldenkrise-suedlaender-stuermen-deutschen-arbeitsmarkt-1875413.html , Zugriff am 06.09.2012

Superillustrierte, Heft 30/2012, S.41

WZ Brief Bildung, Noten, kognitive Fähigkeiten oder Persönlichkeit:Was bei der Suche nach einem Ausbildungsplatz zählt , 16.5.2011, S.2